DMZ 접경지역 기행 6

연천편

6

D M Z
접경지역
기   행

연천

건국대학교
통일인문학연구단
DMZ연구팀

경인문화사

목
차

DMZ

01 ———

삼국의 흥망성쇠를 담고 있는
삶과 죽음의 현장

연천신답리고분, 고구려의 영광이 담긴 무덤
연천삼곶리돌무지무덤, 고구려 유민의 흔적
연천학곡리적석총, 임진강에 정립된 삼국
연천 경순왕릉, 신라 마지막 왕의 무덤

_____ 서울에서 북쪽으로 올라가면 서해 끝 강화도에 인접한 경기도 파주시와 강원도로 넘어가는 철원군 사이에 '연천漣川'이 있다. 연천은 물놀이 '연漣' 자에 내 '천川' 자를 붙여 만든 이름이다. 이름 그대로 연천은 물이 풍부하다. 북쪽에서 발원하여 남쪽으로 흐르는 한반도 중부의 대표적인 강인 한탄강漢灘江과 임진강臨津江이 바로 이곳 연천군 군남면 남계리 도감포에서 만나 한강으로 달려오기 때문이다.

_____ 게다가 이곳은 서울과 평양을 연결하는 서북쪽 중부에 자리를 잡고 있다. 그렇기에 일찍이 고구려, 신라, 백제가 다투던 삼국시대 한반도 패권의 향방을 좌우한 것은 이곳 서북쪽 중부지역이었다. 삼국은 각각 한반도의 북쪽, 서쪽, 동쪽에서 자리를 잡고 세력을 키웠고 이곳에서 정면으로 충돌했다. 지금도 임진강과 한탄강이 만나는 이곳 연천에 가면 삼국시대의 성城들을 만날 수 있다. 한탄강과 임진강을 기점으로 하여 강 북쪽에는 고구려가 쌓은 성들이 있다. 남쪽에서는 보기 힘든 고구려의 성들이다. 하지만 여기에는 고구려의 성만 있는 것이 아니다. 백제가 쌓은 성들도 있다. 또한, 이곳이 중원 패권의 핵심지역이라는 것을 입증하듯이 신라가 증축하거나 쌓았던 흔적들도 함께 남아있다. 이들 성은 한탄강과 임진강을 경계로 남과 북 사이에서 서로 마주 보고 서 있다. 그렇기에 이들 성은 먼 옛날 삼국의 역사를 담고 있다.

_____ 고구려, 백제, 신라의 지배자들에게 이곳은 향후 한반도의 '패자霸者'를 가리는 전쟁터였지만, 일반 민초들에게는 일상적인 삶을 살아가는 생활의 터전이다. 이 지역의 무수한 선사시대 유적들이 보여주듯이, 민초들은 오랜 옛날부터 임진강이라는 젖줄이 흐르는 이곳에 자리를 잡고 터전을 일구었다. 물론 그들은 지금 여기에 없다. 하지만 그들의 삶은, 죽어서도 자신의 권력을 뽐내고 싶었던 권력자들의 무덤과 함께 이곳에 남았다. 특히, 각 무덤에서 출토되는 부장품들은 그 당시 사람들이 사용하던 생활용품들로, 그들의 일상을 간접적으로 보여주는 사료史料다. 연천지역에는 아직 삼국이 거대 국가로 발전하기 이전, 초기 백제인들과 고구려인들의 매장양식이나 생활양식들을 보여주는 무덤들이 존재한다. '연천신답리고분'과 '연천삼곶리돌무지무덤', '연천학곡리적석총'이 그러하다. 게다가 연천에는 삼국의 최종 패자가 되었던 신라의 마지막 왕인 경순왕의 묘인 경순왕릉도 있다. 그들은 죽었지만, 이 무덤에는 그 당시의 삶과 죽음이 담겨 있다.

고구려의 영광이 담긴 무덤,
연천신답리고분

고구려는 5세기 초반부터 한반도에서만이 아니라 동아시아 전체에서 패권을 장악했다. 그것은 광개토대왕廣開土大王(374~412)이라는 걸출한 정복 군주가 있었기 때문이다. 광개토대왕이 북방을 정벌해 영토를 확장한 이후, 그의 아들 장수왕長壽王(394~491)은 남진 정책을 본격화하였고, 이곳에 대한 지배권을 확립함으로써 한반도의 패권을 장악해 갔다. '연천신답리고분漣川薪畓里古墳'은 5~6세기 고구려의 남진 시기를 대표하는 유적이다.

신답리고분 안내판

연천신답리고분은 임진강의 지류인 차탄천車灘川을 타고 내려오다 보면 한탄강과 영평천永平川이 만나는 지점에 있다. 이곳은 하천이 범람하면서 만들어진 자갈·모래·진흙 등이 쌓여 만들어진 충적지로, 그 위에 두 기의 봉분이 덩그러니 남아 있다. 이들 두 기의 고분은 약 9m의 간격으로 나란히 자리를 잡고 있다. 1호분은 너비 19m로 매우 크지만, 2호분은 너비가 7.7m로 이보다는 작다.

두 기의 고분은 모두 둥그런 원 모양의 '석실봉토분石室封土墳'이다. 석실봉토분은 돌로 무덤의 주인을 안치하는 '석실'을 만들고 그 위를 흙으로 덮어 만든 봉분 형태의 묘지다. 그런데 이런 돌무지무덤 위에 흙을 덮는 '석실분'은 고구려 후기, 특히 고구려가 평양으로 천도한 이후 평양 이남에서 주로 나타나는 형태로, 이 무덤이 조성된 시기를 알려준다.

지상에 있는 석실은 사각형 모양의 상자형으로, 하부에 판상석을 깔고 그 위에 판석을 쌓아서 만들었다. 석실의 판석들은 2단부터 안으로 들여쌓아 상부가 하부보다 좁은 형태다. 또한, 천장은 고구려 특유의 삼각 조임형 구조로 되어 있다. 두 기 모두 도굴을 당해 부장품들이 사라졌지만, 1호분에서는 일부 파손된, 배가 부른 몸체에 긴 목을 한 병형토기瓶形土器가 출토되기도 했다.

고구려의 무덤 양식은 기원후 3세기경까지 백제의 돌무지무덤과 비슷한 형태의 적석총이었다. 하지만 기원후 3세기 후반에서 4세기 전반까지 고구려는 요동에 있던 중국계 봉토분을 받아들여서 돌무지무덤과 결합한 '석실봉토분'이라는 새로운 무덤 양식을 만들어냈다. 게다가 기원후 4~5세기가 되면, 석실봉토분 안에 그려진 '사신도四神圖'와 같은 벽화가 있는 초대형 무덤이 등장한다. 오늘날 우리가 '고구려 무덤'하면 떠올리는 무덤은 바로 이것이다.

연천신답리고분은 돌을 쌓아 만든 적석총에서 흙을 덮는 석실봉토분으로 바뀌어 가는 과정을 볼 수 있는 남쪽의 몇 안 되는 무덤 중 하나다. 게다가 연천신답리고분은 가장 강성했던 고구려의 영광을 담고 있는 무덤이기도 하다. 장수왕이 평양으로 천도하고 남진 정책을 강화할 때, 고구려의 영토는 저 멀리 북쪽으로는 요동과 만주, 연해주에서부터 시작하여 이곳 한강 유역까지 펼쳐진 대제국이었기 때문이다.

신답리고분

고구려 유민의 흔적,
연천삼곶리돌무지무덤

인간의 삶에 생로병사가 있듯이 국가에도 흥망
성쇠가 있다. 고구려의 영광 이전에 한반도의 중
원이라고 할 수 있는 한강 일대를 가장 먼저 장악
한 것은 백제였다. 연천에는 이런 초기 백제의 기
억을 담고 있는 무덤이 있다. 바로 '연천삼곶리돌
무지무덤漣川三串里積石塚'이다. 임진강을 따라 78
번 국도를 타고 북쪽으로 쭉 올라가다 보면, 임진
강에서 '마거천馬巨川'이라는 지류가 갈라지는 곳이
나온다. 연천삼곶이돌무지무덤은 바로 이곳, 임진
강이 내려다보이는 언덕 위에 자리를 잡고 있다.

—
돌무지무덤 안내판

한자로는 '삼곡리적석총'인 이곳의 무덤은, 무덤의 봉분 위를 깎아서 평평하게
만들고 그 위에 큰 강돌을 깐 다음 계단식으로 2~3단을 쌓아 올려 만든 것이다.
하지만 오랜 세월 동안 풍파를 겪으면서 원래의 계단식으로 쌓아 올린 돌들이 무
너지고 흐트러져 그저 돌덩어리들이 쌓여있는 것처럼 보인다. 이곳 주민들은 '단
순돌방파제', '애기무덤', 또는 '소산이둥치' 등과 같이 불렀고, 초기 백제의 무덤
이라는 것을 몰랐다.

하지만 국립문화재연구소가 본격적인 발굴작업을 진행하면서 그 실체가 드러
났고, 이곳은 경기도 문화재로 지정되었다. 삼곶리돌무지무덤의 평면은 길쭉한
사각형의 장방형 형태이고, 긴 쪽은 28m, 짧은 쪽이 11m, 높이가 13m에 이를
정도로 크다. 그런데 매장된 묘실墓室은 이제까지 적석총에서는 잘 발견되지 않았
던 형식이었다. 삼곶리돌무지무덤의 묘실은 두 개다. 1m 간격을 두고 두 개의 묘

실을 동서 방향으로 연결해 만든 쌍분雙墳이었던 것이다.

기원전 3~2세기경부터 기원후 3세기까지 초기 고구려 무덤 양식은, 대체로 돌로 테두리를 두른 '석광石框'과 돌을 쌓은 상자형 공간인 '석곽石槨' 위에 돌을 쌓아 만든 적석총이 대부분이었다. 하지만 삼곶리돌무지무덤은 기단과 계단이 더해진 형태로, 남쪽에는 강돌을 깔아서 무덤 보호시설을 만들고, 북쪽에는 제단으로 추정되는 넓고 평평한 강돌을 한두 겹씩 깔아서 만들었다. 그렇기에 이런 형태는 초기 고구려의 무덤 양식이 발전한 형태라고 할 수 있다.

특히, 삼곶리돌무지무덤에서 출토된 철제 화살촉은 촉의 머리가 짧고 촉두가 납작하고 단면이 고른 '단경유엽형철촉短莖柳葉形鐵鏃'으로, 기원후 약 2~3세기경의 유물들이다. 게다가 무덤에서는 작은 항아리, 철로 된 화살촉, 돌을 갈아서 만든 구슬 목걸이 및 부서진 사람의 뼈 등이 출토되었다. 하지만 출토된 토기는, 두들겨 만든 삿무늬가 새겨진 목이 짧은 연질토기 '단경호短頸壺'와 학곡리적석총에서 나온 것과 같은 '경질무문토기'로, 초기 백제의 유물들이다.

그렇다면 어떻게 이 무덤은 고구려의 무덤 양식을 띠면서도 초기 백제의 유물들을 가지고 있는 것일까? 그것은 백제를 건국한 이들이 고구려의 유민들이기 때문이다. 주몽朱蒙은 부여를 떠나 졸본성에 고구려를 세웠다. 그가 부여를 떠나 올때, 그에게는 예씨禮氏 부인이 있었다. 그의 부인은 주몽이 떠난 후, 아들 유류孺留, 훗날의 유리왕瑠璃王을 낳았다. 그 후 성장한 유류는 부러진 칼을 징표로 해서 아버지 주몽을 찾아왔고 장남으로서 후계자의 지위를 차지했다.

하지만 주몽은 북부여에서 졸본부여로 와서 그곳의 왕인 연타발延陀勃의 딸인 '소서노召西奴(?~?)'와 결혼을 해서 비류沸流(?~?)와 온조溫祚(?~28), 두 아들을 둔 상태였다. 게다가 소서노는 고구려 건국의 최대 공헌자였다. 하지만 유류의 등장으로, 세력을 잃어버린 소서노는 두 아들과 함께 오간烏干, 마려馬黎 등 열 명의 신하를 데리고 남쪽으로 내려왔다. 바야흐로 백제 건국의 신화가 시작된 것이다.

삼곶리돌무지무덤

소서노가 일행과 함께 한산漢山에서 '부아악負兒嶽'에 올랐을 때, 비류는 바닷가에 도읍을 정하고자 했다. 이에 열 명의 신하가 비류를 말렸고, 온조는 신하들의 조언대로 한수漢水의 남쪽인 '하남위례성河南慰禮城'에 도읍을 정했다. 아울러 국호도 열 명의 슬기로운 부하들의 도움으로 나라를 세웠다고 해서 '십제十濟'라 칭했다. 하지만 비류는 원래 자신이 원했던 대로 바닷가 근처인 '미추홀彌鄒忽'로 가서 도읍을 정했다. 그 후, 그는 습하고 차가운 지역에서 고생하다 죽고 그를 따르는 무리는 다시 위례로 돌아왔다. 이에 온조는 '백성들이 즐겁게 따른다'라는 의미에서 국호를 '백제百濟'로 바꿨다고 한다.

하지만 『삼국사기』는 이런 설화 다음에 곧이어 다른 설화도 소개하고 있다. 온조 건국설과 다른 비류 설화에서는 비류왕이 백제의 시조다. 설화에 따르면, 비류와 온조의 아버지는 주몽이 아니라 북부여를 세운 해부루의 서손庶孫인 우태優台다. 소서노는 우태와의 사이에서 비류, 온조를 낳은 이후 우태가 죽자 주몽을 도와 고구려를 건국하였고, 주몽은 소서노를 왕비로 삼고, 비류와 온조를 자식처럼 대했다.

하지만 부여에서 아들 유류가 주몽을 찾아와 태자가 되자, 비류는 아우 온조와 함께 어머니를 모시고 남쪽으로 내려와 '패수浿水'와 '대수帶水'를 건넜고 미추홀에 자리를 잡았다. 패수는 순우리말 '펴다'의 음차이며 대수는 '허리띠'를 의미한다. 패수는 우리의 고대어로는 '강'을 의미하는 일반명사다. 그렇기에 시대마다 패수가 어디에 있는 강인가에 대한 해석이 각기 달랐다. 예컨대 『사기』 조선전의 기록에 따르면, 한漢나라는 중국을 통일한 뒤 요동遼東 지방의 옛 요새를 수리하고 패수浿水를 요동과 고조선의 경계로 삼았다고 한다. 또한, 우리 학계 일부에서는 패수를 청천강, 압록강, 예성강으로 보기도 한다.

어쨌든 설왕설래하는 이야기들이 많이 있지만 『삼국사기』 백제본기의 내용을 따른다면, 남쪽을 향해 내려온 백제 초기 세력은 미추홀과 한강 유역에 정착했다고 한다. 그리고 이런 관점에서 보자면 이 돌무지무덤은 당시 백제 초기 세력 혹은 그 지방 세력의 무덤일 가능성이 높다. 하지만 고구려에서 내려와 이곳에 터전을 잡고 삶을 시작했던 이들이 남긴 흔적은 여기에만 있는 것이 아니다. 연천군 백학면 학곡리를 가면 '연천학곡리적석총連川鶴谷里積石塚'이 있다.

임진강에 정립된 삼국,
연천학곡리적석총

연천학곡리적석총은 넓게 펼쳐진 임진강에 인접한 자연제방 위에 있다. '적석총積石塚'은, 말 그대로 '쌓을 적積, 돌 석石', '돌들이 층층이 쌓여있는 돌무지무덤'으로, 시신을 안치한 묘역 위에 흙이 아니라 돌을 쌓아 만든 무덤이다. 한반도에서는 신석기 시대부터 시작하여 고구려·백제 초기까지 나타나는 무덤 양식이다. 하지만 연천학곡리적석총은, 2001년 본격적인 발굴 조사가 이루어지기 이전까지는 '활짝각담'으로 불리웠을 뿐이다. '활짝'은 넓고 시원스럽다는 의미이며 '각담角坍'은 논밭의 돌이나 풀을 추출해서 한편에 쌓아 놓은 무더기를 가리킨다.

학곡리적석총 안내판

실제로 연천학곡리적석총은 강폭이 늘어나면서 흐름이 완만해진 임진강 옆 너른 들판에 위치한다. 따라서 '활짝각담'은 넓고 시원스럽게 펼쳐진 곳 한쪽에 쌓여있는 돌무더기라는 뜻일 것이다. 이곳에 사는 사람들이 보기에 강가에 수북

학곡리적석총 산과 강이 돌무덤을 애워싸고 있다.

이 쌓인 돌무더기가 뭔가 신비로움을 자아냈던 것으로 보인다. 학곡리의 옛 이름이 '돌마동石戶洞'이었던 것도, 마귀할멈이 돌을 치마폭에 담아 옮겼다는 전설이 전해지고 있는 것도 이 때문일 것이다.

발굴작업이 이루어지면서 연천학곡리적석총은 최소 다섯 개 이상의 무덤 칸을 연결해 하나의 무덤을 조성한 '다곽식多槨式' 돌무지무덤이며, 그것도 한 번에 만들어진 것이 아니라 시차를 두고 만들어졌다는 점이 드러났다. 다곽식 돌무지무덤은 전형적인 고구려식 무덤 양식이다. 그런데 정작 고구려계 유물은 발견되지 않고, 전형적 백제 토기인 두들긴무늬토기인 '타날문토기打捺文土器'를 비롯한 낙랑계로 추정되는 토기와 기원전 2세기경에 출현한 '경질무문토기'가 출토되었다. 따라서 혹자는 이 무덤의 주인들을 백제 지방 세력과 관련된 인물로 추정하기도 한다.

연천학곡리적석총은 연천삼곶이돌무지무덤보다 더 앞서 만들어진 것으로 추정되고 있다. 그렇기에 이 무덤의 주인은, 연천삼곶이돌무지무덤처럼 소서노의 두 아들 비류·온조의 무덤은 아닐지라도 그 당시에 그들과 함께 고구려를 떠나 이곳으로 내려온 백제 초기의 권력자 중 한 사람일 것으로 추정하기도 한다.

앞에서도 잠시 언급했지만, 『삼국사기』에 나오는 '미추홀'과 '위례성', '패대' 등이 어딘가에 대한 합의된 정설은 없다. '미추홀'에 대해서는 인천이라는 주장과 아산만 지역이라는 주장이 대립하고 있으며, '위례성' 역시 북쪽에는 한수漢水가, 동쪽에는 고악高岳이, 남쪽에는 기름진 옥토가, 서쪽에는 큰 바다가 있다는 기록만 있을 뿐, 정확한 위치를 알 수 없다. 따라서 연천이 백제의 도읍지는 아니지만, 그들이 연천을 거쳐 남쪽으로 내려갔을 것이며 삼곶리돌무지무덤의 주인들도 이런 초기 백제의 세력 중 일부라고 추정할 수 있다.

백제는 4세기 중엽, 한반도에서는 가장 먼저 한강 유역의 중원을 장악함으로써 한반도에서 가장 강력한 국가가 되었다. 근초고왕近肖古王(?~375)은 고구려를

풀만 무성한 여름날 학곡리적석총

공격하면서 북쪽으로 영토를 확장하였고, 한강을 통해 해양 길을 개척함으로써 중국과 일본으로 진출했다. 고구려가 육로로 영토를 확장해 제국을 만들었다면, 백제는 해로로 제국을 개척했다. 따라서 한강 유역을 장악한 백제의 패권은 곧 백제의 강대한 힘과 영광을 의미했다.

　게다가 백제가 융성할 때, 그들은 한강 이북의 이곳, 임진강까지 세력을 뻗치며 고구려의 평양을 위협했다. 그래서 임진강은 고구려와 백제의 '국경선' 역할을 하는 강이 되었으며 임진강을 경계로 북쪽에는 고구려의 성이, 남쪽에는 백제의 성이 늘어서 있다. 하지만 이제 세월이 흘러 백제의 영광도, 고구려의 영광도 더는 이곳에 존재하지 않는다. 권력의 크기를 보여주기 위해 쌓아 올린 돌무지들은 허물어지고 흩어졌으며 그 사이사이로 잡초들이 무성하게 자라나고 있다.

신라 마지막 왕의 무덤,
연천 경순왕릉

　온갖 영화와 권력을 누린 한 개인의 삶이 무상無常하듯이 한 시대를 풍미했던 패국의 권력도 무상하기는 마찬가지다. 백제, 고구려, 신라의 패권만이 아니라 마지막 패자였던 통일신라의 운명 또한 마찬가지였다. 신라는 당唐나라와 연합하여 백제와 고구려를 정복했다. 그렇게 신라는 한반도의 패권을 다투었던 삼국의 최후 승자가 되었다. 하지만 지상에서 영원한 것은 없다. 시간의 상대적인 길고 짧음만 있을 뿐, 모든 것은 사라지기 마련이다.

　인간의 삶에 생로병사가 있듯이 국가도 흥망성쇠를 겪을 수밖에 없다. 한반도의 최종 승자로서 천 년의 영광을 누렸던 신라도 이를 피해갈 수는 없었다. 신라의 진흥왕眞興王(534~576)과 무열왕武烈王(603~661)이 신라의 영광을 대표한다면,

—
호로고루에서 멀리 않은 곳에 경순왕릉이 있다.

경순왕敬順王(?~978)은 신라의 멸망을 대표한다. 연천신답리고분을 지나 임진강 변을 따라 북쪽으로 쭉 올라가면 강이 얕아지고 꺾이는 부근에 그의 무덤이 있다.

경순왕 김부金傅는 후삼국 시대, 혼란한 시대에 태어나 왕위에 올랐다가 고려 의 태조 왕건王建(877~943)에게 항복한 비운의 인물이다. 그는 신라 왕실의 여인 을 왕건에게 왕비로 보내고, 왕건의 장녀인 낙랑공주를 부인으로 맞았다. 또한, 왕건은 경순왕에게 대궐 동쪽의 가장 좋은 집을 내어주었고, 옛 신라를 '경주'라 명명하고 경순왕의 식읍으로 삼게 했다. 그렇게 경순왕은 항복 이후 40여 년을 더 살다가 979년 세상을 떠났다. 그런데 그의 무덤이 그가 죽은 개성도 아니고, 그의 고향인 경주도 아닌, 연천에 있다는 것은 매우 의아스러울 수밖에 없다.

여기에는 슬픈 사연이 있다. 경순왕이 죽자 패망한 국가의 왕이 겪었을 굴종 의 삶을 본 신라의 유민들은 그의 죽음을 슬퍼했다. 그들은 곡哭을 하며 남쪽으로 가는 경순왕의 상여를 따라붙었다. 장례 행렬이 임진강을 건너기 위해 바로 이곳 연천의 장단長湍 고랑포高浪浦에 이르렀을 때, 그 인원수는 수만 명으로 늘어났다. 그러자 권력을 장악한 고려 왕족들이 불어나는 장례 행렬이 혹시 폭동이라도 일

한 없이 초라한 경순왕릉 한국전쟁 당시의 총탄 자국이 여기저기 아직도 선명하다.

으킬까 당황하였고, 이를 막기 위한 비책을 내어놓았다. 경순왕이 왕건의 사위이기 때문에 고려의 왕족이고, "왕족의 시신은 도성 밖 100리를 벗어나면 안 된다"라는 규정을 내세워 이곳 연천에서 멈추게 한 것이다. 그러나 왕족의 시신 안치에 관한 규정은 당시에는 없었는데 후대에 덧붙여진 것일 수도 있다. 위 내용이 명시된 가장 오래된 기록이 조선 성종 때 완성된 『경국대전』이기 때문이다.

어쨌든 경순왕릉이 겪은 수모는 이것으로 끝나지 않았다. 고려가 멸망하고 다시 조선이 세워진 이후로도 오랫동안 경순왕릉은 이곳에 버려진 채 방치되었다. 그렇게 무려 800여 년 동안 잊혔던 경순왕릉은 사람들의 기억에서 멀어졌다. 왕릉이 다시 발견된 것은 조선 영조 24년인 1748년이었다. 감사監事였던 김성운 등이 풀숲으로 뒤덮인 이곳에서 "시호 경순왕을 왕의 예우로 장단 옛 고을의 남쪽 8리에 장사 지냈다諡敬順以王禮葬于長湍古府南八里"는 비석을 발견했다.

그러나 그것도 끝이 아니었다. 그는 살아서도 죽어서도 망국의 비운을 온몸으로 견뎌내야 했다. 한국전쟁 이후, 한반도의 중부대륙을 관통하는 휴전선이 그어지고 민통선 안에 있었던 경순왕릉은 다시 한번 세상과 격리되었다. 1975년 6월 25일에 사적 제244호로 지정되었지만, 그 후로도 민간인의 출입은 통제되었고 오랫동안 대중에게는 알려지지 않은 채 방치되었다. 2005년 오리동초소가 1km 안쪽으로 이동하면서 비로소 일반인들에게 그 모습을 드러낼 수 있었다.

죽음은 인간의 삶과 운명, 지상에 존재하는 모든 것들이 지닌 한계를 보여준다. 지상에 영원한 것은 없다. 거기에는 예외가 없다. '공수래공수거空手來空手去', 그가 권력자이든 아니든, 지상의 모든 존재와 사물, 심지어 제국도 빈손으로 와서 빈손으로 돌아갈 수밖에 없기 때문이다. 그래서 사람들 대부분은 죽음 앞에서 시비是非를 다투지 않고 고개를 숙인다.

하지만 권력자들은 그런 죽음조차 위세를 과시하는 자리로 만들고 싶어 한다. 국가의 지배자들은 강대한 힘을 표현하기 위해 그들이 차지한 땅에 각종의 비석을 세우고, 강역을 통치하였던 권력자들은 자신의 주검조차도 그들이 살아서 누린 위세를 보여주기 위해 거대한 무덤으로 포장을 한다. 하지만 그것조차 시간 속에 쇠락하고 사라져가는 '폐허廢墟'의 운명을 피할 수 없다.

그래서였을까? 고구려인들은 그 옛날 장자가 노자를 따라 이야기하였듯이, 상주喪主가 곡을 하면서 울 때, 조문객들은 북을 치고 춤을 추면서 노래를 불렀다고 한다. 아마도 인간의 역사라면 피할 수 없는 생노병사生老病死와 흥망성쇠興亡盛衰의 운명을 비통해하는 것이 아니라 오히려 노래와 춤으로 승화해서 극복하고자 했기 때문일 것이다.

경순왕릉의 무덤 양식, 고려냐 조선이냐

경순왕릉은 신라의 마지막 왕이었으나 신라 시대의 왕릉 양식을 따르지 않고 있다. 고려 태조 왕건의 사위로 죽었기 때문이다.

그의 무덤은 원래 고려의 왕족으로서 고려 시대의 왕릉 양식을 따르는 게 맞다. 하지만 실제로 경순왕릉을 보면 고려가 아닌 조선 시대의 왕릉 축조 양식과 유사함을 알 수 있다. 이는 조선 시대에서 진행된 무덤 정비 사업으로 인해 고려 시대의 왕릉 양식에 조선 시대의 양식을 덧붙였기 때문이다. 이를 구분해 보는 것도 재미있다.

경순왕릉 사진을 보면 무덤의 지름은 7m, 높이는 약 3m인 둥그런 모양의 원형봉토분이 중앙에 자리를 잡고 있다. 몰락한 왕조의 왕이라는 것을 보여주듯이 왕릉치고는 규모가 작은 편이다. 또한, 봉분의 아래에는 무덤을 보호하기 위해 돌을 빙 두른 '호석(護石)'이 있다. 그런데 경순왕릉은 무덤의 봉우리를 중심으로 하여 높은 담장을 세워 경계를 구분하는 '곡장(曲墻)'이 둘러쳐져 있다. 이것은 고려 시대

제사 기물이 있거나 능을 관리하는 사람이 기거하던 경순왕릉의 수복방

경순왕릉 안내도

의 왕릉 양식이다.

그러나 사진의 앞쪽, 무덤 앞에 있는 능의 주인에 대한 생몰년도 등을 기록한 비석인 '능표陵表', 사악한 기운을 막고 복을 기원하기 위해 돌로 만든 양 모양 조각상인 '양석羊石', 명복을 빌기 위해 무덤 앞에 세운 등燈인 장명등長明燈, 영혼이 자기의 유택을 찾아오도록 안내하는 돌기둥인 '망주석望柱石' 등은 모두 조선의 왕릉 양식이다.

고려의 양식을 엿볼 수 있는 곡장

조선 왕릉의 양식을 볼 수 있는 장명등과 양석

02 _____

천혜의 요새, 임진강 주변에
스민 고구려의 흥망성쇠

| 파주 육계토성 - 연천 호로고루 홍보관 - 연천 호로 고루 - 연천 당포성 - 연천 은대리성 - 연천 무등리 1, 2보루

파주 육계토성, 초기 백제의 전형적인 평지토성
연천 호로고루 홍보관, 대제국 고구려의 기억 공간
연천 호로고루, 고구려 남쪽 국경의 군사행정적 중심
연천 당포성, 삼국의 대치 현장이자 패자들의 성
연천 은대리성, 영욕의 세월이 남긴 고구려의 자취
연천 무등리 1, 2보루, 대륙을 누빈 고구려 찰갑기병

_____ 연천에서 만나 한강을 향해 흐르는 한탄강과 임진강은 모두 다 현무암 지대로, 주상절리와 협곡, 절벽 등이 발달해 있다. 특히, 강을 경계로 깎아 세운 듯 솟아오른 절벽은 방어에 유리한 천혜의 요새였다. 그렇기에 임진강과 한탄강은 한반도의 패권을 다투었던 삼국시대에 삼국이 격돌하는 국경하천國境河川이자 한반도의 패권을 결정짓는 각축장角逐場이 되었다.

지금도 이곳에 가면 강줄기를 기점으로 하여 북쪽으로는 고구려가 쌓은 성이, 강 건너 파주에는 백제가 쌓고, 신라가 장악한 성들의 자취가 남아있다. 이들 성은 한탄강과 임진강 강가를 따라 각각 절벽 위 또는 아래가 내려다보는 봉우리에서 남쪽과 북쪽을 향해 마주 보고 있다.

임진강 북쪽에는 고구려가 쌓은 산성들인 파주 덕진산성德津山城에서 시작하여 평지에 쌓은 성인 연천 호로고루瓠蘆古壘와 당포성堂浦城, 그리고 한탄강 북쪽의 은대리성隱垈里城 등이 차례대로 늘어서 있다. 강 건너 맞은편에는 북쪽 끝자락 육계토성六溪土城에서 시작하여 남쪽으로 오두산성烏頭山城과 파주 월롱산성月籠山城 등이 늘어서 있다.

또한, 백제가 세운 것으로 보이나 나중에 신라에 의해 정복되었고 삼국 간의 공방이 가장 치열했던 전쟁의 역사를 담고 있는 칠중성七重城과 한반도 중부 이하 패권의 향방을 결정지었던 전쟁터였던 것으로 보이는 대전리산성大田里山城 등이 강을 경계로 고구려 산성들을 마주 보고 있다.

_____ 백제는 넓은 평야에 읍성 형식의 성을 쌓았다. 반면 고구려는 강기슭 위 평지에 만든 '강안평지성江岸平地城'을 쌓았다. 백제는 주로 파주 내륙에 성을 쌓았다. 하지만 고구려는 연천에 주로 성을 쌓았는데, 깎아지른 자연 지형을 활용해 적의 침입을 감시하는 한편 성 안쪽의 평지를 활용해 농사를 지어 군량을 마련했다.

파주 육계토성,
초기 백제의 전형적인 평지토성

파주 육계토성은 민통선 바로 아래, 임진강 남쪽에 있는 백제의 평지토성平地土城이다. 이곳은 임진강의 수심이 낮아 배를 타지 않고도 걸어서 넘어갈 수 있는 주요 도하지점渡河地點 중 하나인 '가야울'과 서쪽의 두지나루를 조망할 수 있는 지역이다.

아마도 백제가 임진강 북쪽 고구려의 성인 '호로고루'에 대응하여 지은 초기의 성 가운데 하나인 것으로 보인다. 하지만 내성內城 중앙부에 흙으로 만든 망루인 토루는 1996년 홍수 때 사라졌고, 서쪽의 토루는 군부대의 방벽防壁으로 사용되면서 훼손되었다. 그나마 서남쪽 구간의 토루는 상대적으로 잘 보존된 편이다.

파주 육계토성에서는 두 개의 우물과 함께 다수의 백제 토기가 출토되었다. 또한, 발굴을 통해서 백제의 주거지 형태인 '凸'자 주거지와 온돌, 그리고 판재로 만든 벽체를 확인했다. 하지만 이 토성을 언제 처음 만들었는지는 분명하지 않다.

육계토성의 흔적을 알려주는 안내문

육계토성(경기도지정 기념물 제217호) (ⓒ 파주시청)

　게다가 여기서 출토된 유물에는 백제 외의 것도 있었다. 이곳에서는 고구려의 토기들도 출토되었다. 그것들은 한강 유역이나 양주지역에서 출토된 고구려 토기들보다 시대적으로 앞서 있다. 그래서 이들 유물은 고구려가 한성백제를 본격적으로 치고 들어왔던 시절, 이곳을 장악하면서 남긴 유물로 보인다.

연천 호로고루 홍보관,
대제국 고구려의 기억 공간

　연천에 돌무지무덤들이 보여주듯이 삼국 중에 가장 먼저 한반도 중부를 장악한 것은 백제였다. 고구려를 떠난 이곳으로 내려온 온조 계열은 지금의 서울 잠실로 여겨지는 몽촌토성을 중심으로 한성백제를 세우고 이 일대를 평정한 다음, 남쪽으로 세력을 확장했다.

한강 유역을 장악한 백제는 기원후 4세기 중반, 중원의 힘을 기반으로 하여 자신들이 떠나온 나라인 고구려와 국경을 마주하는 국가로 성장했다. 369년, 백제의 성장에 위협을 느낀 고구려의 고국원왕故國原王(?~371)은 배후에 있는 중국 연나라의 세력이 약해진 틈을 타서 2만 명의 병력을 이끌고 백제를 쳐들어갔다.

그러나 백제 태자 근구수近仇首(?~384)는 현재 황해도 배천군으로 추정되는 '치양雉壤'에서 고국원왕의 군대를 물리쳤다. 그로부터 2년 뒤인 371년, 이번에는 거꾸로 백제의 근초고왕近肖古王(?~375)이 3만 명의 병사들을 이끌고 고구려를 쳐들어갔다. 이미 당한 패배로 전력이 약화된 고구려의 고국원왕은 평양성 전투에서 죽음을 맞이했다.

그것은 고구려로서 씻을 수 없는 치욕이었다. 남쪽의 부족세력들을 규합해 만든 국가라 하더라도 백제는 고구려의 유민들이 세운 국가였기 때문이다. 이 전투 이후 한성백제는 삼국 중에서 가장 강력한 한반도의 패자의 자리에 올랐다. 하지만 백제의 패권은 그리 오래가지 못했다. 고국원왕의 죽음을 가슴에 새긴 그의 손자인 광개토대왕廣開土大王(374~412)이 치욕을 씻을 기회를 엿보고 있었기 때문이다.

광개토대왕은 우선 고구려의 배후를 위협하는 중국의 북방 세력을 평정한 이후, 남쪽의 백제를 쳐서 연천과 파주 일대를 장악했다. 392년 광개토대왕은 4만 병력을 거느리고 석현성石峴城을 비롯한 열 개의 성을 빼앗고, 곧이어 난공불락의 요새였던 관미성關彌城을 20여 일 만에 함락했다. 이에 백제는 한성 지역으로 후퇴할 수밖에 없었다.

백제군은 393년 관미성에서, 394년 수곡성水谷城에서 고구려군에게 반격을 가했으나 실패하고 말았다. 백제군을 격퇴한 고구려군은 394년 남쪽 변경에 일곱 개의 성을 쌓아 백제의 침입을 방비하고, 점령지를 안정화했다. 그리고 바로 이듬해인 395년 고구려는 패수浿水를 치고, 396년 아리수阿利水 이북의 58개 성, 700여 개 촌락을 점령했다. 고구려군의 포위로 백제의 수도 위례성慰禮城에 있던 아신왕阿莘王(?~405)은 더 버티지 못하고 그해 광개토대왕에게 항복함으로써 광개토대왕은 할아버지 고국원왕의 치욕을 씻고 오랜 한을 풀었다.

광개토대왕과 그의 아들 장수왕 때 고구려의 영토는 멀리 북서쪽으로는 요동 지방과 만주, 동북쪽으로는 연해주에서부터 시작하여 이곳 한강 유역까지를 이어졌다. 당시 고구려는 한반도에서만 패권을 다투는 국가가 아니라 동북아 전체에서 수, 당과 함께 패권을 다투는 대제국이었다. 호로고루성 앞에 있는 연천 호로고루 홍보관은 바로 그 고구려의 영광을 담고 있는 홍보관이다. 이곳에는 최정예부대였던 고구려의 철기병과 호로고루에서 발굴된 고구려 유물 및 사진, 호로고루의 역사 등이 전시되어 있다.

호로고루 홍보관 앞에는 실물 모양 그대로의 '광개토대왕릉비廣開土大王陵碑'가 서 있다. 보기에 따라서는 뜬금없을 수 있다. 잘 알려져 있듯이 광개토대왕릉비는

호로고루 홍보관

광개토대왕의 업적을 기리기 위해 그의 아들 장수왕이 지금의 중국 지린성吉林省 지안현集安縣 퉁거우通溝에 세운 기념비이기 때문이다. 이것은 모조품이다. 하지만 이 모조품은 단순한 모조품이 아니다. 이 광개토대왕릉비는 지난 2002년 북쪽에서 만들어 남쪽으로 보내준 것이기 때문이다. 당시 민간의 남북사회문화협력사업을 주도했던 민족화해협력범국민협의회(민화협)은 북측으로부터 이 비석을 건네받았다. 그리고 2015년 연천군에 무상으로 기증했고, 연천군은 이 비석을 고구려의 성이 있는 이곳에 세웠다.

광개토대왕의 '광개토廣開土'는 말 그대로 영토를 크게 확장했다는 의미다. 아마도 북쪽은 이 비석을 통해 당시 동아시아를 호령하였던 고구려의 영광을 나누고 싶었던 것인지도 모른다. '평화의 도시'를 표방하는 연천의 과거 지정학적 역사성을 떠올려 본다면, 이곳이야말로 남북이 함께 평화의 대화를 시작할 수 있는 최적의 장소일 수도 있겠다는 생각도 든다.

호로고루에 들어서면 맨 먼저 눈에 들어오는 광개토왕비문
(ⓒ 최익현)

연천 호로고루,
고구려 남쪽 국경의 군사행정적 중심

연천 호로고루는 파주의 육계토성 맞은편에 있다. 연천의 장남면에 있는 호로고루는 임진강 북쪽 기슭에 깎아지른 현무암 절벽인 '단애斷崖' 위에 조성된 삼각형 모양의 평지성이다. 이 성은 '재미산財尾山' 또는 '재미성財尾城', '미성眉城'으로도 불렸다.

그런데 지금 알려진 '호로고루'라는 이름의 기원에 대해서는 몇 가지 설이 있다. 이 부근 지형이 표주박처럼 생겨서 '호로고루'라고 했다는 말도 있고, 고을을 뜻하는 '홀忽'과 성을 의미하는 '고루古壘'가 합쳐진 것이라는 설도 있다. 또한, 삼

호로고루(© 최익현)

호로고루 안내문

호로고루성 안내문

호로고루 전경(ⓒ 최익현)

국시대 당시 임진강을 '호로하葫蘆河'라고 불렀는데, 호로강 변에 있는 옛성(고루)
의 의미로 호로고루라는 이름이 붙었다는 이야기도 있다.

성벽의 전체둘레는 성의 가장자리를 따라 재었을 때 약 400여m이고, 그중 남
벽은 161.9m, 북벽은 146m이며, 동벽은 현재 남아 있는 부분이 93m, 성 내부는
전체적으로 해발 22m, 성벽 최정상부는 30m 정도. 지금은 훼손을 막고 보존
하기 위해 흙을 덮고 잔디를 입혀, 야트막한 작은 능선처럼 보인다.

호로고루 아래쪽 강은 배를 타지 않고 건널 수 있는 여울목이 있다. 이 여울목
을 건너 적의 군사들이 침입할 수 있어서 고구려는 이곳에 방어용으로 호로고루
를 쌓았다. 하지만 호로고루는 거의 군사적인 목적으로 세워졌던 이 지역의 다른
국경성國境城들과는 조금 다르다.

호로고루는 연천의 주변성들과 보루 및 지역민들까지를 통솔하는 행정 군청
의 역할까지를 겸비한 행정치소行政治所로 활용되었던 것으로 보인다. 발굴조사에

호로고루를 오르는 길(ⓒ 최익현)

연천 호로고루성(ⓒ 최익현)

성안에서 바라본 호로고루(ⓒ 최익현)

호로고루에서 내려다본 전경(ⓒ 최익현)

호로고루는 고구려 신라의 흔적이 중첩된 곳이다. (ⓒ 최익현)

따르면 이곳에서는 일상적인 생활용품인 연화문와당蓮花文瓦當, 치미鴟尾 등과 같은 기와들과 삼족벼루三足硯, 지상 건물지, 대형집수시설, 우물지 등이 출토되었기 때문이다.

하지만 그렇다고 여기에 고구려의 흔적만 남아 있는 것은 아니다. 격전지였던 만큼 이곳의 주인 또한 서로 뒤바뀌었다. 그래서 호로고루는 고구려와 신라의 흔적을 동시에 지니고 있다. 이는 성의 축조 방식에서도 그대로 나타난다. 고구려는 주로 주변에서 쉽게 구할 수 있는 현무암으로 성을 쌓았다. 이후 호로고루를 차지한 신라는 성벽을 무너뜨리지 않고 그대로 유지한 채 덧붙여 쌓는 방식으로 보수했다. 다만 신라는 현무암을 다루는 기술이 없어서 자신들이 가장 잘 다룰 수 있는 편마암을 동원하였던 것으로 보인다.

고구려와 신라의 오랜 대치와 전투는 오늘의 관점에서 보면, 이곳이 삼국시대에도 '뜨거운 열전'이 전개되던 'DMZ'였음을 역설한다. 숱한 고지전으로 많은 생명이 목숨을 잃었던 것처럼, 호로고루에서도 고구려와 신라의 아들들이 서로의 칼과 창에 숨졌을 것이다. 이런 역사적 의미 때문인지 연천군은 호로고루 근처에 대규모 해바라기밭을 조성하여 2014년부터 '연천 장남 통일바라기' 축제를 개최하고 있다.

연천 당포성,
삼국의 대치 현장이자 패자들의 성

호로고루에서 임진강을 따라 남쪽으로 내려오다 보면 연천의 남쪽 끝자락에 있는 은대리성과의 중간 지점에 '연천 당포성'이 있다. 당포성은 임진강 당포(堂浦) 나루터 부근에서 합류하는 지천(池川)과 임진강 본류가 만나는 곳, 13m 절벽 위에 있으며 축성 방법도 호로고루와 비슷하다.

하지만 안쪽 성벽을 비교해 볼 때, 호로고루는 흙과 돌을 섞어서 성을 쌓은 전형적인 고구려식이라면, 당포성은 판축 구조물 위에 석축(石築)을 쌓았다는 점에서

당포성에서 내려다본 임진강

이와 다르다. 또한, 고구려가 쌓았으나 신라가 이곳을 장악한 이후로는 외벽 등을 개축하여 북쪽 지역을 방어하는 전초기지前哨基地로 사용했던 것으로 보인다.

고구려의 남진 시기는 고구려 역사상 가장 강력했던 시대를 대표하고 있다. 광개토대왕의 뒤를 이어 왕이 된 장수왕은 427년, 도읍을 '국내성國內城'에서 '평양'으로 옮기고 남진 정책南進政策을 본격적으로 전개했다. 이에 이미 고구려에 치욕을 당한 백제는 더 이상의 확장을 막기 위해 옆 동네 신라와 고구려의 배후 국가를 이용했다.

백제의 비유왕毗有王(427~455)은 신라의 눌지왕訥祗王(417~458)과 서로 간에 원군을 파견하는 군사적 공수동맹攻守同盟을 중심으로 한 '나제동맹羅濟同盟'을 맺어 남진하는 고구려에 맞섰다. 또한, 비유왕의 아들 개로왕蓋鹵王(?~475)은 고구려의 배후 국가인 북위에 사신을 보내 고구려 공격에 대한 군사원조를 요청했다. 이런 가운데 장수왕은 475년 9월, 3만의 병사를 이끌고 백제의 수도인 '한성漢城'을 공격해 포위했다.

개로왕은 아들 문주왕文周王(?~477)을 신라에 보내 원군을 요청하는 한편, 한성에서 고구려군에 대항해 치열한 전투를 벌였다. 그러나 7일 만에 북쪽 성이 함

당포성 안내판

호로고루가 군사적 요충지에 자리하고 있음을 보여준다. (ⓒ 최익현)

락되고 남쪽 성마저 함락될 위기에 처하자 개로왕은 탈출을 감행했다. 하지만 그는 탈출에 성공하지 못하고 이곳에서 사로잡혀 죽음을 맞이했다. 371년 고구려의 고국원왕이 백제의 근초고왕에게 죽임을 당했다면, 100년 후인 475년에는 공수가 바뀌어 백제의 개로왕이 고구려의 장수왕에게 목숨을 잃은 것이다.

역사는 언제나 승자의 기록이다. 사실이야 알 수 없지만 『삼국사기』에는 당시 이 전쟁의 패배를 개로왕의 탓으로 기록하고 있다. 장수왕의 이간책 결과라는 해석이다. 장수왕은 도림道琳(?~?)이라는 승려를 첩자로 보내 개로왕의 환심을 사고 대규모 토목공사를 벌이도록 유도했다. 이 대규모 토목공사로 개로왕은 민심을 잃은 폭군으로 전락하고 말았다. 당시의 무리한 토목공사는 백성들의 원망을 사기에 충분했다. 이는 『삼국사기』 도미 부부 설화에도 잘 나타나 있다.

게다가 이보다 더한 이야기도 있다. 당시 한성을 점령한 고구려 장수들인 '재증걸루再曾桀婁', '고이만년古爾萬年' 등은 원래 백제인이었는데 죄를 짓고 고구려로 도망쳐 가서 장수가 된 인물들이다. 이들은 아차산에서 사로잡힌 개로왕의 얼굴을 향해 세 번 침을 뱉으며 죄를 열거한 이후, 죽였다는 이야기가 그것이다. 실로 참혹한 이야기다.

다양한 모습을 보여주는 당포성

연천 은대리성,
영욕의 세월이 남긴 고구려의 자취

북쪽에서 내려온 임진강은 한탄강 지류인 차탄천(車灘川)과 만난다. '연천 은대리성'은 바로 그 지점에 존재한다. 차탄천과 임진강이 만나면서 삼각형 형태의 퇴적 지형이 만들어졌고 은대리성은 바로 그 삼각주 위에 세워졌다.

남쪽 벽과 북쪽 벽 일부는 강변에 조성된 자연적인 절벽을 이용하여 축조되었다. 동쪽의 평탄한 곳에는 지상 성벽(城壁)을 세웠다. 성내에서 발견된 유물은 많지 않으나 고구려 토기가 대부분이라는 것은 이 성이 고구려의 성이라는 것을 보여주고 있다. 하지만 이곳에서는 고구려의 유물 이외의 다른 유물들은 발견되지 않아 호로고루나 당포성과 달리 고구려 멸망 이후로는 사용되지 않았던 것으로 보인다.

아마도 고구려는 철원-연천-포천, 연천-파주 등의 경로를 통해서 당시 백제

옛 성곽의 흔적만 엿보이는 은대리성터

은대리성 안내문

—
은대리성터의 전경과 성벽

의 수도였던 한성을 공략하였던 것으로 보인다. 은대리성도 그런 고구려의 영토 확장이 낳은 산물로 볼 수 있다. 개로왕이 죽은 이후, 백제는 수도를 한성에서 '웅진熊津'으로 옮겼다. 백제는 계속 추락하고 있었다. 하지만 그래도 한때는 중원을 장악하였던 국가였다. 속수무책으로 무너질 리는 없었다.

백제가 다시 일어선 것은 그로부터 80여 년이 흐른 551년이었다. 무녕왕武寧王(462~523)이 시작한 개혁정치를 본격화한 성왕聖王(?~554)은 수도를 웅진에서 다시 '사비沙毗'로 옮기고 국호도 '백제'에서 '남부여'로 바꾼 다음, 한강 유역의 땅을 되찾기 위해 신라의 진흥왕眞興王(534~576)과 연합을 한 다음 고구려 공격에 나섰다.

나제동맹으로 성왕은 과거의 패배를 설욕하고, 고구려에 빼앗긴 땅을 되찾을 수 있었다. 하지만 문제는 그다음이었다. 삼국이 패권을 놓고 다투는 이상, 영원한 적도 아군도 없었다. 한강 상류 지역의 10군을 점령한 신라는 2년 뒤인 553년 백제군이 점령하고 있던 한강 하류 지역의 6군을 기습적으로 공격해 빼앗았기 때문이다.

분노한 성왕은 이듬해인 554년 신라를 공격했다. 하지만 백제의 중흥을 이끌었던 성왕은 매복에 걸려 오히려 죽음을 맞이했다. 신라는 이때부터 한반도의 중원을 차지한 새로운 패자로 성장해 갈 수 있었다. 이에 따라 약 120여 년간 임진강변을 지배했던 고구려의 영토도 한강 유역에서 이곳으로 축소될 수밖에 없었다. 또한 고구려는 중국을 통일한 수-당과 동북아시아의 패권을 놓고 본격적인 전쟁을 진행하여야 했다.

수는 598년, 612년, 613년, 614년 네 차례에 걸쳐 고구려를 침공했다. 598년에는 수의 문제文帝가 고구려를 압박했다. 그러자 고구려는 요서 지방을 공격했다. 이에 양견은 30만의 육군과 10만의 수군을 보내 고구려에 쳐들어왔다. 그러나 그들은 장마와 돌림병 등으로 퇴각할 수밖에 없었다.

뒤를 이어 황제에 오른 수나라 양제煬帝는 고구려 정복의 꿈을 접지 못하고 612년 113만의 대군을 이끌고 요동으로 출병했다. 하지만 살수에서 을지문덕乙支文德(?~?)의 계략에 걸려들어 대패하고 퇴각할 수밖에 없었다. 수는 고구려와의 대규모 전쟁에서 패하면서 국력이 급격히 약화하였고, 결국 반란으로 망하고 말았다.

그러나 그 이후 중국을 통일한 당은 645년 다시 한번 고구려 침략에 나섰다. 그해 4월 당나라 태종太宗은 직접 30만 대군을 이끌고 요하를 건너와 개모성蓋牟城, 비사성卑沙城, 요양遼陽과 백암성白巖城 등을 파죽지세로 점령하고 안시성安市城을 공격했다. 그러나 고구려는 안시성에서 문을 닫고, 60일간의 사투 끝에 당나라의 공격을 막아냈다. 당 태종은 그 뒤로도 647년과 648년에 걸쳐 두 차례나 고구려를 공격하였으나 모두 뜻을 이루지 못했다. 그 정도로 고구려는 강성했다.

그러나 당시 동북아시아의 정세는 한반도의 패권을 둘러싼 싸움과 관련하여 매우 복잡하게 전개되고 있었다. 신라의 적국은 일차적으로 고구려보다 백제였다. 하지만 당나라의 적국은 동북아시아의 패권을 위협하는 고구려였다. 그렇기에 신라는 백제를 위협하기 위해, 당나라는 고구려의 배후를 위협하기 위해 서로 협력했다. 643년 당 태종이 고구려를 침략했을 때도 신라는 3만 명의 군대를 동원해 고구려의 남쪽 국경을 공격했다.

그런데 이와 같은 나당연합羅唐聯合에는 훗날 태종무열왕太宗武烈王(603~661)이 되는 김춘추金春秋의 역할이 컸다. 김춘추는 648년 12월 직접 당나라로 건너가 당 태종을 만나고 더욱 강력한 나당군사동맹을 맺었다. 당나라에 충성심을 보이기 위해 김춘추는 본국으로 돌아온 649년부터 신라의 관복을 당풍唐風으로 바꾸었고, 고유 연호 대신에 당의 영휘永徽 연호를 썼다. 심지어 당시 신라의 왕인 진덕여왕眞德女王(?~654)은 친히 당의 왕업을 찬미하는 「오언태평송五言太平頌」을 지어 수를 놓고 이를 당 황실에 받쳤다.

654년 왕위에 오른 김춘추는 660년 3월 당에 원군을 요청하였고, 당은 소정방과 유백영 등이 이끄는 군사 13만 명을 파병했다. 나당연합군의 백제 정벌이 본격화된 것이다. 김유金庾信가 이끄는 5만 명의 군대가 백제 황산에서 계백階伯(?~660)의 5천 결사대를 섬멸하였고, 백강의 기벌포伎伐浦에서 만난 당군과 신라군은 백제의 수도 사비성泗沘城을 함락했다. 7월 18일 웅진으로 달아난 의자왕은 더 이상 해볼 도리가 없어서 마침내 항복할 수밖에 없었다.

승기를 잡은 나당연합군은 그 추세를 몰아 이번에는 고구려를 치기 시작했다. 당시 고구려는 연개소문淵蓋蘇文(?~665)이 죽고 난 이후, 아들들의 내분으로 분열되어 있었다. 668년 나당연합군은 평양성을 점령하였고, 고구려는 역사의 뒤안길로 사라졌다. 하지만 그렇다고 고구려가 일군 대제국의 역사가 사라진 것은 아니었다. 그들은 중국을 통일한 수, 당에 밀리지 않는 대제국을 건설했다. 어떻게 그런 일이 가능했을까? 연천에는 그에 대한 비밀을 풀 수 있는 단서를 보여주고 있는 곳이 있다. 무등리 1, 2보루다.

연천 무등리 1, 2보루,
대륙을 누빈 고구려 찰갑기병

무등리 1, 2보루는 은대리성에서 차탄천을 따라 북쪽으로 올라가다 보면 강변 건너편 산등성이에 있다. 무등리 1, 2보루는 1991년 국립문화재연구소가 실시한 군사 보호구역 내 지표조사에서 처음 보고되었다. 1998년에는 이곳에서 6~9세기 것으로 보이는 불에 탄 쌀과 조 등의 곡물이 발견되었다. 아마도 고구려군의 곡물 창고였을 것으로 추정된다.

뒤이어 2010년부터 2012년까지 세 차례에 걸쳐 발굴조사가 이루어졌고 성곽의 형태와 규모, 축조 방식 등이 밝혀졌다. 이에 따르면, 연천의 성과 보루는 국경사령부였던 것으로 보이는 호로고루를 중심으로 주변의 성들과 이를 연결하는 10여 개의 보루로 구성되어 있다. 아마도 이곳은 이들에게 군수품을 제공하는 군수기지였던 것으로 보인다.

최문석, 대왕비(FC160901) (ⓒ 공유마당) 중국 지린성 지안현 퉁거우에 있는 광개토대왕릉비는 당시 고구려의 광대한 영토를 직접적으로 보여주고 있다.

이곳에서 출토된 유물은 다른 곳에 비해 그리 많지 않았다. 기와 편도도 몇 점에 불과하였고 토기 역시 적었다. 그런데 이곳이 주목을 받은 것은 '문'이었을 것으로 추정되는 돌확 옆에서 고구려 장수의 갑옷인 찰갑札甲 수백 편이 투구와 함께 발견되었기 때문이다. 넓은 쇠판을 붙여 만든 신라나 가야의 '판갑板甲'은 몸을 민첩하게 움직이기 어렵다. 하지만 '찰갑'은 마치 비늘처럼 작은 쇳조각을 이어 붙여 만들었기 때문에 움직임이 자유롭고 활동성이 뛰어나 기병의 기동성을 극대화할 수 있었다.

찰갑

광개토대왕은 재위 22년 동안 정복 전쟁을 통해 고구려의 영토를 확장하였고 중국 황제와 마찬가지로 '영락'이라는 연호를 사용했다. 그런데 고구려가 이토록 강력한 국가가 될 수 있었던 것은 동북아시아 최강의 고구려 기병이 있었기 때문이다. 고구려의 기병들은 갑옷으로 무장하고 4m가 넘는 긴 창을 들고 적군을 향

사행상철기 출토 모습(ⓒ 문화재청)

남쪽 성벽(목책+석축성벽) (ⓒ 문화재청)

해 내달렸다. 그들은 화살이 쉽게 뚫고 들어올 수 없는 철갑을 입고도 자유롭게 몸을 움직일 수 있었기 때문에 거침없이 내달리면서도 유연하게 상황에 대처할 수 있었다.

게다가 고구려군은 매우 우수한 제강기술을 가지고 있었기 때문에 강도가 높은 강철로 칼과 창, 투구들을 만들 수 있었다. 이곳에서 다량으로 출토된 유물들이야말로 대륙을 질주하던 고구려 기병의 우수성을 방증한다. 무등리 2보루 집수시설과 연결된 배수로에서 발굴된 다량의 철재 및 제철 관련 유물들을 금속학적으로 분석한 결과, 고구려는 단순한 제련공정을 통해서 제철을 얻은 것이 아니었다. 그들은 이보다 더 나아가서 단야공정鍛冶工程이나 초강정련공정炒鋼精鍊工程을 통해 철재를 얻었다.

선철銑鐵은 탄소 함량이 높아 쉽게 부러진다. 그러나 초강정련을 통해 탄소 함량을 낮추면 금속을 두들기거나 눌러서 필요한 형체로 만들 수 있는 단조鍛造가 가능해진다. 고구려는 이런 초강 기술을 가지고 단조가 가능한 강소재鋼素材를 만들었다. 그렇기에 당시 동북아시아를 호령하던 고구려의 기마병들은 바로 이런 선진 기술로 무장한 강력한 전투 집단이 될 수 있었다.

고구려의 패망 이후, 한반도의 패권은 동북아시아대륙에서 한반도로 축소되었다. 그런데 그런 한반도조차 오늘날 분단으로 인해 둘로 쪼개져 있다. 지금 평양을 가는 것은 베이징이나 도쿄뿐만 아니라 파리나 뉴욕을 가기보다 어렵다. 거리가 멀어서가 아니다. 분단 때문이다. 그래서 고구려의 역사는 아직도 우리에게 아득하기만 하다.

하지만 이곳 연천에는 우리가 직접 느낄 수 있는 고구려의 역사가 존재한다. 호로고루와 당포성, 은대리성과 무등리 1, 2보루는 세월의 무게를 지탱하지 못하고 퇴락해서 부서진 잔해들로 남아있지만, 그것들은 지금도 이렇게 역사의 잔해 조각들을 통해서 우리에게 대제국이었던 고구려의 역사를 들려주고 있다.

은대리성의 삼형제바위

은대리성은 찬찬히 숲속을 거닐며 둘러보기에 좋다. 은대리성에 가면 '삼형제바위'를 찾아보자. 다른 곳에서도 볼 수 있듯이 삼형제바위는 세 개의 커다란 바위가 한탄강 중심과 주변에 서 있어서 붙여진 이름이다. 그런데 이곳에는 오래전부터 내려오던 설화가 있다. 그 내용은 다음과 같다.

오랜 옛날, 남편을 일찍 여읜 어머니가 세 형제를 키우며 살고 있었다. 어느 날 삼 형제는 더위를 식히러 한탄강에 갔다가 급한 물살에 휩쓸려 모두 죽고 말았다. 어머니는 그 사실을 알고 주저앉아 통곡했다. 그 후로도 어머니는 매일 그 강가에 나와 세 아들의 이름을 불렀다. 그렇게 몇 달이 흐른 후 어머니는 매우 신기한 현상을 보게 되었다.

전날까지 아무것도 없었던 강 한복판에 바위 세 개가 우뚝 솟아났던 것이다.

은대리성 삼형제바위 안내문

이 소식을 들은 마을 사람들은 우뚝 솟은 바위 중 가장 큰 바위에 제단을 만들고, 이곳에서 아이들을 보호해 달라고 제사를 지냈다고 한다. 지금도 가장 큰 바위 위쪽이 평평한 것을 볼 수 있는데, 이는 제사를 지냈던 흔적이라고 한다. 이를 찾아보자. 찾아보는 재미가 있다.

이곳에서는 삼형제바위가 내려다 보인다.

고랑포 구高浪浦口

호로고루에서 경순왕릉이 있는 쪽으로 가다 보면 임진강 변으로 내려가는 곳에 고랑포구가 있다. 고랑포구는 서해안의 상품들을 실어와 경기 내륙으로 옮기던 곳으로 임진강 일대에서 가장 번창했던 포구浦口였다. 한국전쟁 이전까지 연천, 파주, 양주, 철원 등 경기 북부 지역에서 생산된 쌀, 잡곡, 콩 등의 특산물을 서울의 마포와 인천항까지 실어 나르는 중간 집하장의 구실을 하였기 때문이다.

옛 사진 속의 고랑포구는 강변에 집들이 가득 들어선 북적거리는 모습이다. 기록에 의하면 가장 번성했을 때, 포구 주변에만 약 3만 명 정도의 인구가 거주했다고 한다. 지금의 쇠퇴는 분단이 낳은 산물인 셈이다. 호로고루에 왔다면 잠시 쉬어가는 길에 고랑포구 역사공원을 들어가 보는 것도 좋다. 고랑포구 역사문화관 안에는 돛배와 상선들, 고랑포구 상가들을 재현해 놓았을 뿐만 아니라 가상현

연천 고랑포구역사관에 재현된 번창했던 고랑포구의 상점들

실(VR)과 증강현실(AR) 기술을 통해 옛날의 고랑포구를 체험해 볼 수 있는 시설들이 있다. 한 번 둘러보면서 연천의 역사에 대해 생각해 보는 것도 좋다.

고랑포구는 통일신라의 마지막 왕인 경순왕이 죽은 후, 경주로 내려가기 위해 반드시 건너야 하는 포구였지만 바로 여기서 고려 왕실에 의해 저지되었고, 이곳 주변에 묻힐 수밖에 없었다. 또한, 고랑포는 삼국시대부터 군사상 가장 중요한 곳이었고, 한국전쟁 때에도 격전이 벌어졌던 아픈 기억을 가진 곳이다. 하지만 주상절리인 고랑포 주변은 경치가 아름답기로도 유명하다. 권력 무상과 전쟁의 고통을 생각하며 고랑포구를 걷는 것도 그 대비적 효과 때문에 강렬한 여운을 남긴다.

연천 고랑포구 역사공원 전경

레클리스의 군마

03

총 대신 꽃을,
유엔군 희생자들을
추모하는 법

| 필리핀 참전비 – 장승천 전투 전적비 – 38선 돌파기념
비 – 설마리전투추모공원 – 설마리 전투비 – 연천 유엔
군화장장시설

최초의 참전국 기념비, 필리핀 참전비
터키군을 추모하는 곳, 장승천 전투 전적비
패전과 승전의 갈림길, 38선 돌파기념비
죽어간 영국군들, 설마리전투추모공원
시간과 국경을 넘는 애도, 설마리 전투비
전장의 영령들, 연천 유엔군화장장시설

_____ 2021년은 한국전쟁이 중단된 지 68년이 되는 해다. 3년 1개월 동안 이어진 전쟁은 한반도의 남북 모두에게 쉽게 치유할 수 없는 상처를 남겼다. 하지만 그것보다 중요한 것은 한반도 전체의 물적 피해와 수백만 명에 이르는 사상자뿐만 아니라, 그러한 전쟁의 상처가 아물지 못한 채 계속 유지되거나 심지어 악화하고 있다는 사실이다. 실제로 한국전쟁은 규모나 피해 등을 따졌을 때 그 전 시기에 발발한 제1, 2차 세계대전과 맞먹을 정도의 전쟁이었다. 또한 남과 북의 전쟁 당사국 외에도 22개국의 UN군 등이 참전함으로써 세계사적 양상을 띠었다. 이런 까닭에 한국전쟁이 남긴 역사적 상처와 아픔은 단순히 한반도 지역에만 국한되지 않는다.

국방부 기록에 따르면, 한국전쟁은 UN군이라는 이름으로 총 22개국, 195만여 명이 참여하였으며, 약 4만600여 명이 희생된 전쟁이었다. 2010년도 국가보훈처의 기록에 의하면, 전쟁이 중단된 지 66년 동안 UN군으로 참전한 해외 국가들의 군인을 기리기 위해 건립된 참전국 기념비와 전적비戰績碑 등은 전국에 67개에 이른다. 물론 국가 현충 시설로 등록되지 않은 기념비들을 포함하면 이보다 훨씬 더 많을 것으로 추정된다.

_____ 그런데 경기도 연천에는 다른 지역과는 구별될 정도로 그 의미가 분명한 UN군 관련 기념물들이 있다. 우리가 흔히 알고 있는 미군과 영국군뿐만 아니라 프랑스, 필리핀, 타일랜드, 터키 등에서 온 군인을 위한 기념비가 세워져 있기 때문이다. 이러한 기념물들은 그동안 우리가 기억하지 못하고 인지하지 못하였던 희생이 얼마나 많았는지를 직간접적으로 체감할 수 있는 역사적 공간이 된다. 자신들과는 상관없는 머나먼 이국땅에서 벌어진 전쟁에 참여하여 자신들의 의지와는 전혀 무관하게 싸우다 죽어간 이들에 대한 기억과 애도는 정형화된 방식으로만 이뤄질 수 없다. 그렇기에 전쟁의 흔적들을 찾아가 다시 그 길을 걷는다는 것은 이곳에서의 희생을 애도하고 전쟁의 비극을 깨달으며 평화를 염원하는 작업으로 이어져야만 할 것이다.

최초의 참전국 기념비,
필리핀 참전비

국가 단위 한국전쟁 참전국 기념비는 1966년에 처음으로 세워졌다. 그 기념비가 바로 연천군의 중심에 건립된 '필리핀 참전비'다.

한국전쟁 당시 필리핀은 미국·영국에 이어 세 번째로 지상군이 참전한 국가로, 부산 입항일인 1950년 9월 19일부터 1953년 5월 13일까지 연인원 7,420명이 참전했다. 2005년 국방부 군사편찬연구소 『6·25전쟁 인명피해 현황』에 의하면, 한국전쟁 당시 필리핀군의 인명피해는 사망 112명, 부상 229명, 실종 16명이다. 특히 1950년 9월에 공식적으로 참전한 필리핀군이 적군과 벌인 가장 큰 전투가 바로 이곳 연천에서 벌어진 '율동리 전투(栗洞里戰鬪'였다. 1966년 4월 22일 UN한국참전국협회와 연천군은 바로 이 율동리 전투를 기념하기 위해 필리핀 참전비를 건립했다.

율동리 전투는 필리핀 제10대대가 미군 제3사단에 배속되어 1951년 4월 22일부터 23일까지 이틀간 연천 북방 율동리에서 중공군과 치른 전투를 말한다.

필리핀 참전비

필리핀 참전비

1951년 4월 중공군의 춘계공세로 인해 연천 지역의 방어선이 붕괴하였으나 필리핀군은 후퇴하지 않고 이 지역을 방어했다. 이로 인해 미군과 터키군은 안전하게 후방으로 철수할 수 있었다. 이 율동리 전투를 기념하기 위해 1966년 참전국 기념비가 연천읍 상리에 세워졌다.

오늘날 우리가 볼 수 있는 기념비는 2009년 12월 현재의 위치로 옮겨와 새롭게 확대 조성한 것이다. 기념비가 있는 넓은 공간에는 '필리핀 참전공원'이라는 이름이 붙여졌으며, 새롭게 조성된 1.5m 규모의 기단 위에 비가 세워졌다. 그리고 기념비 곁에는 한국, UN, 그리고 필리핀 국기가 세워져 있다. 그런데 대리석으로 조성된 기단 위에 놓인 기념비는 과거 1966년의 모습을 여전히 간직하고 있다. '비율빈 참전비'라는 제목과 함께 "자유와 세계평화를 위해 이 땅에서 공헌한 영웅적인 비율빈 용사들에게 바친다."라는 비문碑文이 새겨져 있다.

'필리핀'이라는 익숙한 이름 대신에 '비율빈'이라는 낯선 한자어 이름을 통해서 50여 년이 넘는 시간의 숭고한 흔적이 고스란히 전해져 옮을 느낄 수 있다. 연천군과 이무스시는 지난 2009년 2월 공식 우호협력 협정을 맺은 이후 대표단 상호방문과 학생교류 등 활발한 교류를 진행해왔으며, 이곳과 연계된 공동 추모사업도 진행 중이다. 전투의 승리를 기록하는 것보다 이곳에서 희생된 이들의 생명을 추모하고 애도하는 공간으로 거듭나고 있다는 점은 눈여겨볼 대목이다.

터키군을 추모하는 곳,
장승천 전투 전적비

필리핀 참전비로부터 다시 동북쪽으로 방향을 틀어 연천군 신서면 내산리로 진입하면 '장승천 전투 전적비'에 도착할 수 있다. 이곳은 필리핀 참전비가 기념하고 있는 율동리 전투와 같은 날 발생한 연천 지역의 또 다른 전투를 기념하기 위한 곳이다. 1951년 4월 22일부터 23일까지 연천 동막골을 흐르는 장승천 부근에서는 치열한 전투가 벌어졌다. '장승천 전투'라 이름 붙은 이 전투는 미군 25사단에 배속된 터키군이 수행한 전투였다.

터키군은 연천 대광리에 있는 '옛고개', '541고지', '425고지' 등을 방어하고 있었다. 중공군은 춘계공세에 맞춰 이 고지의 측 후방을 공격하였고, 터키군은 치열한 전투 끝에 중공군의 포위망을 뚫고 후퇴할 수 있었다. 특히 '다라미고개' 정상에 배치된 터키군 경계소대는 끈질긴 전투 끝에 모두 전멸하였는데, 이 전투로 인해 미군과 프랑스군 및 필리핀군은 안전하게 후방으로 철수할 수 있는 여건을 마련했다. 국방부의 기록에 의하면 이 전투에서 터키군은 66명의 전사자와 105명의 실종자 및 35명의 부상자가 발생했다.

장승천 전투 전적비는 터키군이 수행한 장승천 전투를 기념하기 위해 2012년에 건립되었다. 기념비 상단에는 '장승천 전투 전적비'라는 한글과 함께, 'We remember Turkey'와 'Kan Kardeşi Türkiye(혈맹관계 터키)'라는 영어와 터키어가 함께 새겨져 있다. 기념비 하단의 비문에는 터키 국기와 함께 "터키의 용사들을 영원히 기억하고 그 위훈을 후세에 전하고자 전적비를 세워 이를 기념합니다."라는 구절이 새겨져 있다. 이렇게 보니 아쉬움이 가득하게 몰려온다. 기념비 상단에 새겨진 글자도 서로 의미와 맥락이 잘 통하지 않을 뿐만 아니라, 기념비 하단에 새겨진 비문 역시 다른 전적비들에서 거의 모두 등장하는 상투적인 표현들이 반

—
장승천 전투 전적비

복되고 있기 때문이다.

그렇지만 이곳 장승천 전투 전적비는 터키군의 희생을 추모하고 애도하는 공간이라는 본래 의도에 맞게 활용되고 있다. 연천군, 한국군 제5사단, 주한 터키대사관은 전투가 있었던 4월 23일 이곳에서 매년 '장승천 전투 추모제'를 진행, 전투에서 희생된 이들을 기억하고 애도하는 시간을 정기적으로 가지고 있다. 터키군의 피해는 사망 966명, 부상 1,155명에 달하는데, 터키는 UN군의 주축이었던 미군과 영국군을 제외하고 가장 많은 희생자가 발생한 국가였다. UN군 희생에 대한 애도가 특정 국가 중심으로 이어지고 있는 상황에서 이곳 장승천 전투 전적비는 우리가 그동안 잊고 있었던 또 다른 애도와 추모의 대상들이 있다는 사실을 환기하는 공간으로 자리매김해가고 있다.

패전과 승전의 갈림길,
38선 돌파기념비

연천군으로 들어갈 수 있는 가장 일반적인 길인 3번 국도를 따라오면 연천군 청산면 초성리에 이르게 된다. 연천군 초입에 있는 이곳 초성리의 한탄대교 사거리에는 '38선 돌파기념비三八線突破紀念碑'가 세워져 있다. 3번 국도와 인접해 있어 연천군을 지날 때면 쉽게 볼 수 있는 기념비다. 그런데 이 기념비가 담고 있는 역사와 내용은 다른 기념비들과 달리 조금 독특하다.

우선 이 기념비는 1951년 5월 28일 38선을 세 번째로 돌파한 것을 기념하기 위해 건립되었다. 그런데 이 기념비에서 기념하고자 하는 대상, 기념비의 건립일시 등은 서로 다르게 새겨져 있다. '두산백과'나 '전쟁기념관 홈페이지'에는 이 기념비를 가리켜 미군에 배속된 태국군의 38선 돌파에서 보여준 무공을 기념하기 위해 미군이 건립한 것으로 기록하고 있지만, 국가보훈처 기록과 기념비 비문에는 미군, 그리스군, 태국군의 38선 돌파를 기념하기 위해 건립했다고 기록하고 있다.

또한 이 기념비의 최초 건립일 역시 1971년과 1976년으로 서로 다르게 기록하고 있다. 하지만 기념비 옆에 건립된 또 다른 비석에 의하면 이 비석은 1976년 5월 청산면 대전리에 최초 건립되었다가, 1999년 10월 청산면 궁평리로 이전하

38선 돌파기념비

였으며, 2004년 12월 현 위치로 이전하여 새롭게 단장되었다고 기록하고 있다.

　이와 같은 기억의 불일치에도 불구하고 분명한 사실은 이 기념비가 미군을 비롯하여 태국군과 그리스군의 전투 및 그들의 희생을 추모하기 위해 건립된 것이라는 점이다. 국방부 기록에 의하면, 한국전쟁 당시 태국군의 피해는 사망 129명, 부상 1,139명이었으며, 그리스군의 피해는 사망 192명, 부상 543명에 이른다.

　3단으로 올라간 높은 기념비가 가장 먼저 눈에 들어오고, 다음으로 기단부의 비문에 새겨진 "자유를 지키기 위한 이 전투에서 장렬히 산화한 미국, 그리스, 태국군 장병들을 기리며 추모하기 위해 이 비를 세우다"라는 구절이 들어온다. 전국적으로 UN군 내 서로 다른 참전국 군인들을 함께 추모하기 위한 기념비는 적지 않으나, 미국과 그리스 그리고 태국처럼 서로 다른 대륙에서 온 UN군이 함께 모여 치른 전투와 그 희생을 추모하는 기념비는 이곳 38선 돌파기념비가 유일하다.

　이곳이 기념하고 있는 38선 돌파는 1951년 5월 28일의 세 번째 돌파다. 3년 1개월 동안 전선이 수백 번 내려가고 올라가고 했을 텐데 38선의 돌파가 과연 무슨 의미가 있을까 하는 회의감이 드는 것도 사실이다. 나아가 38선이라는 눈에 보이지 않는 선을 넘어서기 위해, 또는 지키기 위해 얼마나 많은 이들이 희생되었을까 하는 안타까움도 지울 수 없다. 머나먼 타국의 전장戰場에서 눈에 보이지 않는 경계선을 기준으로 생사를 넘나들었던 이들의 고통과 슬픔이 여전히 전해져 오는 것만 같다.

죽어간 영국군들,
설마리전투추모공원

　'율동리 전투', '장승천 전투'는 그 전투의 주체들이 필리핀군과 터키군으로 서로 달랐지만, 모두 1951년 4월 22일에 벌어진 전투라는 공통점이 있다. 그런데 같은 해, 같은 날, 거의 비슷한 공간에서 진행된 또 다른 전투가 있었다. 바로 설마리 전투雪馬里戰鬪다. 파주시 적성면 설마리는 임진강을 기준으로 연천과 바로 인접한 장소였다. 이곳 설마리에서 1951년 4월 22일부터 4월 25일까지 영국군은 중공군에 맞서 치열한 방어전을 벌였다. 1951

영국군 설마리전투추모공원

년 4월 22일에 벌어진 전투는 모두 중공군의 춘계공세로부터 기인한 것이었다.

파주 적성면 설마리 235고지와 임진강 일원에서 영국군 글로스터연대(Gloucestershire Regiment) 제1대대와 제170 경박격포대는 동두천으로 진입하려는 중공군 3개 사단을 나흘 동안 저지했다. 이 전투에서 부대원 622명 중 39명만 생존한 것으로 기록은 알려주고 있다. 한국전쟁 전 기간에 발생한 영국군의 피해가 사망 1,078명, 부상 2,674명, 실종 179명으로 집계되고 있는 것을 고려할 때, 이 설마리 전투가 얼마나 격렬하였는지를 짐작할 수 있다.

1957년 6월 설마리 전투를 기념하기 위해 영국군과 한국군은 설마리고지 아래 암석에 전투비를 건립했다. 시기적으로도 다른 전투비보다 매우 이른 시기에 건립된 셈이다. 현재 설마리 전투비는 2014년 조성한 '영국군 설마리전투추모공원(Gloster Hill Memorial Park)' 내에 자리하고 있다. 공원 입구에는 평화의 문이 있고 그 옆에는 공원 조성비가 있으며 그 안쪽으로 추모조형물, 영국군 동상, 글로스터샤교, 칸 중령 십자가, 설마리 전투비 등이 있다.

입구에는 영국 글로스터대대의 용맹성을 상징하는 베레모 조형이 있고 그 위편에는 설마리 전투에서 희생된 이들의 이름이 기록된 전시물이 반원형의 비석으로 전시되어 있다. 추모조형물을 지나면 당시 참전 용사들의 모형이 있고, 그 뒤로 1957년에 세운 본래의 실마리 전투비로 가는 다리인 글로스터샤교(橋)가 있다. 이 다리는 훗날 파주시가 추모공원을 만들면서 세웠다.

작은 다리를 건너면 십자가가 하나 나온다. '칸 중령 십자가'다. 그 당시 전투에서 포로가 된 영국군은 526명으로, 이들은 북측 포로수용소에 수용되었다. 전투 당시 글로스터셔 연대 1대대를 지휘했던 칸 중령은 1951년~1953년 이북 포로수용소에서 행해진 예배에 이 십자가를 사용했다. 원래의 십자가는 글로스터 성당에 보관되어 있지만, 당시 포로로 수용되었던 이들을 기억하기 위한 십자가가 공원을 조성하면서 함께 만들어졌다.

시간과 국경을 넘는 애도,
설마리 전투비

'칸 중령 십자가'를 지나 숲으로 들어가면 낡은 비석이 나온다. 촘촘하게 돌로 쌓은 계단을 올라가면 역시 주위의 돌을 촘촘하게 붙여 만든 구조물에 상하 각각 두 개씩 모두 네 개의 비(碑)가 부착되어 있다. 그런데 이 비는 다른 전적비나 전투비 등과는 다르다. 돌 한증막을 연상시키는 듯한 이 전투비는 하늘을 향해 높이 세워진 다른 비석들과는 달리 주변에 있는 돌들을 채석하여 쌓아 올렸다.

비문 뒤쪽에 있는 동굴은 금을 채굴하던 금광으로, 당시 전투에서 죽어간 희생자들을 안치하였던 장소다. 비석은 그곳에 유해를 수습하고 동굴에 있던 자연석을 쌓아 올려 만든 것이다. 위쪽 두 개의 비에는 UN기와 영국군의 부대 표지가 새겨져 있으며, 아래쪽 왼편 비에는 한글로, 오른편 비에는 영문으로 당시 전투

상황을 기록했다. 그 앞에는 소박한 비석이 세워져 있다. 이런 이유에서 2008년 10월 설마리 전투비는 대한민국 등록문화재 제407호로 지정되었다.

기념비 앞에 서니 60여 년의 역사가 고스란히 체감된다. 요즘 기념비와는 달리 장식 없이 조성된 단순한 묘석과 비석의 모습이 오히려 어떤 숭고한 분위기를 풍긴다. 60년 전에 새겨진 비석은 세월의 풍파를 고스란히 맞아 거무스름하게 변하였고, 거기에 새겨진 글귀마저 흐릿해진 모습을 눈으로 확인하니, 이곳에서 사라져간 생명에 대한 애도와 위로가 느껴진다. 또한, 기념비 앞에 놓인 비석에도 다른 기념비와는 달리, 영국군뿐만 아니라 '자신들과 같이 희생된 한국인들을 추모'하는 글귀가 적혀 있어 또 다른 느낌을 불러오기까지 한다. 생명에 대한 애도에는 시간과 정도의 차이, 국가의 구별도, 나아가 피아彼我라는 구별 역시도 없어야 하는 것이 아닐까 하는 생각이 든다.

전장의 영령들,
연천 유엔군화장장시설

연천 및 그 인접한 파주 지역의 UN군 관련 기념비를 찾아가는 길의 마지막 장소는 바로 '연천 UN군 화장장시설'이다. 1952년 연천군 미산면 동이리에 세워진 UN군 화장장시설은 연천과 철원 지역의 고지 쟁탈전이 치열하게 벌어져 UN군 희생자들이 많이 발생하자 그들을 위한 화장 시설로 만들어져 휴전 직후까지 사용되었다고 한다. 마을 주민들의 진술에 의하면 화장터의 운영은 영국군이 주로 담당했다고 한다. 전쟁 당시의 화장장 시설로는 유일하게 남아있는 유적으로서 2008년 10월 1일 근대 문화유산 등록문화재 제408호로 지정되었고, 2013년 5월 9일 국가보훈처 현충 시설로도 지정되었다.

현재 건물 벽과 지붕은 훼손되어 없으나 가장 중요한 하부 벽체와 화장장 굴뚝이 그대로 남아있다. 남아있는 화장장 굴뚝 건물은 주변의 돌을 촘촘히 쌓아 올려 만들어졌다. 돌과 시멘트로 쌓은 약 10m 높이의 굴뚝과 화장 구덩이를 중심으로 건물 2동이 붙어있는 구조는, 얼마나 많은 이들이 이곳에서 자신의 흔적을 지워갔을지를 떠올려보니, 낯설게 다가온다. 하지만 곧 설명을 자세히 보니 한 건물은 폭 11m, 길이 18m, 다른 한 건물은 폭 6.6m, 길이 15.6m라고 하니, 전쟁 중에 급조된 화장장으로는 규모가 작지 않다는 것을 알 수 있다. 새삼 전쟁의 비극성을 다시 한번 짙게 체감한다.

한국전쟁 당시 UN군 희생자 4만600여 명은 소중한 가족과 고향을 떠나 머나먼 타국으로 와 희생되었고, 여기서 그들 중 몇 명은 자신의 육신을 불길 속에 날려 보냈다. 한국전쟁의 가장 큰 비극은, 3년 1개월이나 되는 전쟁 기간의 약 70%가 군사분계선 설정과 연관된 '고지전'이라는 소모적인 전투로 채워졌다는 점이다. 이것은 남과 북을 막론하고, 중공군과 UN군을 막론하고 모두에게 참혹했던 전쟁이 낳은 비극이었다. 2018년 이후 이곳 화장장 시설을 어떻게 활용할 것인

연천 유엔군화장장시설

연천 유엔군화장장시설

가에 대한 관심이 더욱 높아지고 있다. 그러나 아쉽게도 그 속에서 이 공간을 전 세계인들이 함께 할 수 있는 애도와 추모의 공간으로 활용하자는 의견은 찾아보기 힘들다. 여전히 '안보'와 '관광'으로서 이곳을 활용하자는 주장이 지배적인데, 이 공간이 갖는 역사성, 그리고 이 공간에서 생의 마지막을 맞이한 이들에 대한 모욕일지도 모르겠다.

살던 국가도, 지역도, 나이도, 인종도 모두 다른 청춘들이 UN군이라는 이름으로 참전하였고, 마침내 이곳에서 그들의 목숨이 다했다. 미군과 영국군뿐만 아니라 그동안 우리가 기억하지 못하였던, 아니 미처 우리의 기억 속으로 이월되지 못한 여러 국가의 수많은 생명이 생의 마지막을 이곳에서 함께 마침표를 찍어야 했다. UN군 희생자들에 대한 애도와 추모에는 국적도, 인종도 없다. 한국전쟁의 UN군 희생자들에게 안식이 있기를.

설마리 전투비의 역사와 담긴 의미들

설마리 전투비

파주 영국군 설마리전투비는 1957년 6월 29일 국군 제25보병사단과 영국군이 글로스터연대 장병들의 넋을 위로하고 공적을 기리기 위해 세웠다. 전투비가 조성된 곳은 설마리 전투 당시 영국군이 최후의 항전을 벌이면서 희생자들을 임시로 안치하던 동굴이다. 주변의 돌을 모아 입구에 쌓아 올리고 상하 2개씩 모두 4개의 비를 붙여 만들었는데, 상단 왼쪽 비에는 유엔기를 새기고, 오른쪽에는 희생된 영국군의 부대 마크를 새겼으며, 하단 왼쪽에는 한글로, 오른쪽에는 영문으로 설마리 전투 개요를 기록했다.

비 높이 1m, 기단 높이 0.2m다. 전투비 앞에는 글로스터연대 제1대대의 헌사가 새겨진 비석과 설마리 전투 안내문이 있다. 1968년 국군 8022 공병부대가 이곳에 설마리 영국군 전적비 공원을 조성하였는데, 유엔기를 중앙에 두고 좌우로

태극기와 영국기가 걸린 광장을 두었다. 2000년에는 파주시가 전투비로 이어지는 글로스타샤교를 지었고, 이후 2014년에는 추모공원을 조성했다.

이 전투비의 디자인은 영국 다큐멘터리 감독이자 산업디자이너로 알려진 아놀드 슈워츠먼(Arnold Schwartzman, 1937~)이 1957년 UN군으로 한국에 파병되었을 때 고안한 것이다. 이 전투비는 그의 첫 작품으로 알려져 있다. 그는 홀로코스트를 다룬 「제노사이드」(1981)라는 다큐멘터리로 1982년도 오스카상을 수상했다. 또한 그는 1984년 LA 올림픽 디자인 감독을 지냈으며, 1988 서울올림픽 디자인 자문역을 맡기도 했다. 이런 경력을 인정받아 그는 2001년 영국 엘리자베스 여왕으로부터 기사 작위를 받았고, 2006년에는 왕립예술학회가 선정하는 올해의 왕립 디자이너에 선정되기도 했다.

04

인간 삶의 터전,
땅의 역사에서
인간과 자연의 역사를 보다

| 파주 가월리·주월리 유적 – 연천 양원리 고인돌 – 연천 전곡리 유적 – 전곡선사박물관 – 연천 통현리 지석묘 – 연천 통현리 고인돌공원

파주 가월리·주월리 유적, 임진강 가에 터를 잡은 구석기 사람들
연천 양원리 고인돌, 화강암으로 만든 무덤
연천 전곡리 유적, 지구의 시간에 인간의 삶이 깃들기 시작하다
전곡선사박물관, 선사시대 종합 안내서
연천 통현리 지석묘, 현무암으로 만든 무덤
연천 통현리 고인돌공원, 고인돌의 전시장

_____ 연천은 한반도 중서부지역을 가로질러 흐르는 두 개의 강이 만나는 곳이다. 지금은 북녘에 속한 평강군 오리산(烏里山)에서 시작된 용암이 흘러내린 길을 따라 만들어진 한탄강과 함경남도 마식령산맥에서 시작해서 한강 유역으로 이어지는 임진강이 바로 그 두 개의 강이다.

한탄강과 임진강은 동쪽으로 높은 산지가, 서쪽으로는 낮은 산지가 있다. 두 개의 강은 그 사이로 평지가 펼쳐진 연천 땅에 이르러 합쳐지고 파주와 한강을 지나 서해로 흘러든다. 까마득한 옛날에도 이 땅을 찾아든 인간들이 있었다. 그들은 이곳에 자리를 잡고 오랜 세월 역사를 이어갔다. 물이 풍부하게 흐르고 그 물이 흐르는 대지 위로 평지가 드넓게 펼쳐진 곳, 이곳은 선사시대에도 지금도 사람들이 한평생을 보내기에 더없이 좋은 삶의 터전이었는지도 모른다.

_____ 연천은 1993년 전곡 구석기 유적관의 개관을 맞아 '구석기 축제'를 처음 개최했다. 제1회부터 제7회까지는 한양대가, 8회부터는 연천군에서 주최하고 있다. 프랑스와 더불어 세계 2대 구석기 축제가 바로 이곳 연천에서 열리는데, 이는 연천이 한반도 전체를 통틀어서 선사시대를 대표하는 곳의 하나이기 때문이다. 이 지역의 선사시대 유적은 '임진강 유역'으로 표현되는 곳에 분포하고 있다. 연천의 구석기 문화는 기본적으로 임진강과 한탄강의 강줄기가 있기에 형성될 수 있었다. 한탄강을 중심으로 지금의 철원과 연천이 만들어졌고, 임진강을 중심으로는 연천과 파주가 형성되었다. 비록 오늘날 행정구역상으로는 연천과 파주 두 곳이 '임진강 유역'을 담아내고 있지만, 이 인공의 구획이 있기 훨씬 오래전에 임진강 유역은 선사인들의 삶의 터전이었음을 기억할 필요가 있다. 글자로 남기지 못하였던, 물길이 만든 자리에 모여든 사람들의 삶의 이야기가 여기에 있다.

파주 가월리·주월리 유적,
임진강 가에 터를 잡은 구석기 사람들

임진강의 일부 지역은 평강의 오리산에서 분출해 흘러내린 용암지대의 영향으로 만들어졌다. 그래서 한탄강만이 아니라 임진강에서도 화산지형의 하나인 주상절리의 절경이 펼쳐진다. 파주의 주월리와 가월리도 현무암 대지 위에 자리한 구릉형의 땅으로, 임진강 변에 구석기 유적이 남아있다. 전체 면적은 약 1만4,000평에 달한다.

가월리·주월리의 구석기 유적은 1988년 처음 발견되었다. 그리고 1993년과 2003년 진행한 본격적인 발굴 조사를 통해 연천의 전곡리 선사유적과 유사한 유적이라는 것이 밝혀졌다. 연천군 남계리 부근에서 합류하는 임진강과 한탄강은 파주 적성면 일대에서 두 차례 곡선을 이루며 흐른다. 파주 가월리와 주월리 유적은 남동에서 북서 방향으로 흐르던 임진강이 다시 남쪽으로 방향을 트는 정점에 있다.

가월리·주월리 유적은 임진강 유역의 구석기 유적 중에서도 유물이 유독

가월리·주월리 구석기 유적 안내문

가월리·주월리 구석기 유적터를 안내하는 지표문

가월리·주월리 구석기 유적-소형석기(ⓒ 문화재청)　　가월리·주월리 구석기 유적-주먹도끼(ⓒ 문화재청)

많이 나온 곳이다. 주먹도끼, 가로날도끼, 찍개, 몸돌, 격지 등의 대형석기나 망치돌을 비롯한 소형석기들이 다수 발굴된 것이다. 특히 동아시아에서 발견된 주먹도끼 중에서도 가장 정제된 형태의 것이 바로 이곳에서 발견되었다. 발굴된 유물의 밀도가 높아 전곡리 유적과 함께 1994년 12월 국가지정문화재 사적 제389호에 지정되었다. 하지만 고고학적으로 주목할 만한 가치를 지닌 곳임에도 이곳이 구석기 유적지임을 알려주는 정보는 매우 제한적이다. 겨우 작은 현판 정도만 세워져 있어서 찾아오는 이들은 한참을 헤매어야 한다.

가월리와 주월리 유적터

가월리와 주월리 유적 발굴지점(ⓒ 문화재청)

선사유적지에서 여러 종류의 많은 양의 유물들이 출토되었다는 것은, 그 당시 도구들의 제작 및 생활 과정을 유추해볼 수 있다는 것을 의미한다. 인간의 인위적인 행위와 활동들로 인해 유물과 유적이 존재하는 층을 '문화층文化層'이라고 부른다. 따라서 아직 문자로 기록하지 않았던 선사시대의 특성상, 유물의 양이 많으면 그 당시 생활상을 알아보기에는 매우 좋다. 한편 유적지의 토층에서 '퇴적층堆積層'은 지질 활동을 통해 자연적인 퇴적이 이루어져 형성된 층을 말한다. 이곳의 퇴적층은 용암대지가 형성된 이후, 하천이 여러 차례 넘치면서 형성되었다. 두꺼운 퇴적층은 서로 시대가 다른 몇 겹의 토양층으로 구성되어 있는데, 그 안에서 문화층이 발견된 것이다. 바로 이 일대 토층에서 주먹도끼를 비롯한 각종 석기가 발견되어, 이곳이 구석기 때부터 사람들이 생활했다는 사실을 알 수 있었다.

연천 양원리 고인돌,
화강암으로 만든 무덤

구석기 시대부터 이곳을 찾아 든 인류는 계속해서 연천 땅에 삶의 터전을 마련했다. 그 후 그들은 이곳에서 자손을 낳아 기르고 문화를 만들었다. 따라서 다른 한반도의 중부지역과 마찬가지로 이곳에는 구석기 유적만이 아니라 청동기 유적들도 만날 수 있다. 서양에서나 동양에서나, 돌은 '영원불멸'을 상징했다. 그런 이유로 민간신앙에서는 '서낭바위' 같이 돌이 신성시되기도 했다. 옛사람들은 돌이 토지의 풍요와 생명의 다산, 기후의 안정과 국가의 번영을 가져다줄 것이라 믿었다. 고인돌은 청동기 시대의 대표적인 유적이자, 돌을 통해 자신들의 염원을 담았던 옛사람들의 흔적이 담긴 무덤이다.

파주 가월리와 주월리 유적지에서 임진강을 따라 상류 쪽으로 거슬러 올라가

양원리 고인돌

다 보면 북쪽으로 꺾어지는 임진강과 동쪽으로 계속 이어지는 한탄강을 만나게 된다. 한탄강 길을 따라가면 전곡리 선사유적지에 다다르는데, 그 직전에 유적지와 가장 가까운 데에 있는 양원리 고인돌을 찾아보는 것도 좋다.

멀찍이 둔덕에 있는 고인돌을 발견하고 가까이 다가가 양원리 고인돌을 보면 생각보다 너무 커서 깜짝 놀라게 된다. 거대한 거북이의 등 모양처럼 생긴 덮개돌을 가진 양원리 고인돌은 땅 위에 굄돌과 막음돌을 세워 무덤방을 만들고 그 위에 대형 덮개돌을 올려 만든 전형적인 덮개식 고인돌이다. 이 고인돌의 덮개돌은 대형 화강암질 편마암으로 이루어져 있어서, 연천의 다른 고인돌과는 외양적으로도 구분된다.

고인돌 공원에 있는 무등리 고인돌 안내판
고인돌이 어떻게 사용되었는지를 엿볼 수 있다.

고인돌은 주변에 있는 돌을 활용해 만든다. 그만큼 이곳의 주변에는 화강암이 많았다는 이야기다. 하지만 철원과 마찬가지로 연천 역시 화산 폭발로 분출한 용암이 임진강을 타고 흘렀던 곳이다. 그래서 화강암으로 만든 고인돌만이 아니라 현무암으로 만든 고인돌들도 발견할 수 있었던 것이다.

연천 전곡리 유적,
지구의 시간에 인간의 삶이 깃들기 시작하다

이제 한탄강을 따라 조금 더 동쪽으로 향한다. 절벽을 따라 휘감는 한탄강 유역은 같은 임진강 유역으로 분류되긴 하지만 확실히 다른 느낌을 준다. 물의 빛깔은 훨씬 더 짙은 색을 띠고 강의 한 편에 펼쳐지는 석벽은 한층 가파르게 느껴진다. 그 물길이 절벽과 함께 크게 휘돌아 감는 자리에는 한탄강 유원지가 있고 그 바로 옆에는 웬만한 서울 시내 대학 캠퍼스보다 훨씬 넓은 부지의 선사유적지가 있다. 이곳이 바로 전곡리 선사유적지로, 세계 고고학의 흐름을 뒤집어 놓을 정도로 매우 중요한 장소다. 학계를 놀라게 했던 역사적인 사건은 1978년으로 거슬러 올라간다.

1978년 어느 날, 동두천 미군 부대에 근무하던 미군 그렉 보웬(G. Bowen)은 한탄강 관광지를 여행 삼아 방문한다. 그런데 그는 거기서 사람들이 다듬은 것으로 보이는 돌들을 발견했다. 미국 캘리포니아 빅터 밸리 대학에서 고고학을 공부하다가 1974년 미군에 입대하였던 보웬은 이 돌들이 예사롭지 않은 유물임을 곧바로 알아보았다. 그는 한탄강 변에서 발견한 석기와 발굴 장소들을 찍어, 그 사진과 주변 지형에 대한 기록을 당시 프랑스의 세계적인 구석기 연구자였던 프랑수아 보르드(Francois Bordes) 교수에게 보냈다.

전곡리 토층 전시관의 아슐리안 석기설명문

이후 보웬은 서울대학교박물관장인 김원룡 교수와 함께 현장답사를 시작하였고 그가 발견했던 석기들이 바로 아슐리안(Acheulean) 석기임을 알게 되었다. 이후 전곡리 일대가 선사유적지라는 새로운 고고학적 사실이 밝혀졌다. 아슐리안 석기는 전기 구석기를 대표하는 유물로, 전곡리에서 아슐리안이 발견되기 전까지만 해도 이런 유형의 석기는 유럽과 아프리카에만 존재한다는 하버드대 모비우스(H.Mobius) 교수의 '모비우스 학설'이 고고학계에서는 정설로 자리잡고 있었다. 즉, 세계 구석기 문화가 아슐리안의 유무를 기준으로 동서로 구분되고 있었다.

아슐리안은 주먹도끼를 말한다. 아슐리안이라는 명칭은 주먹도끼가 최초로 발견된 프랑스 생따슐(St.Acheul) 지방의 이름에서 유래했다. 주먹도끼(hand axe)는 주먹에 쥐고 사용하는 도끼 모양의 뗀석기로, 구석기 시대 전기의 대표적인 유물이다. 대부분 한 손으로 쥘 수 있는 정도의 크기인데, 가장자리에 날카로운 날이 있고 끝부분이 뾰족하여 일반적인 도끼와는 다른 모습을 갖는다. 끝이 뾰족하고 밑이 둥근 물방울 모양을 한 것을 떠올리면 된다.

주먹도끼가 전기 구석기의 다른 유물들과도 구별되는 점은 바로 이 모양에 있다. 다른 것들이 원석의 모양에 좌우되어 형태적 통일성을 찾아볼 수 없었던 것과 달리, 주먹도끼는 물방울 모양이라는 공통적 특징을 지닌다. 이것은 원석을 그냥 사용하거나 임의로 변경해서 쓰는 것이 아니라 구체적인 사용 목적과 형태를 염두에 두고 기획 제작했다는 점에서 인류 발전상의 한 단계를 보여준다고 할 수 있다.

주먹도끼는 주로 짐승을 사냥하거나 가죽을 벗길 때, 짐승의 뼈를 다듬어 도

전곡리 토층 전시관 내부에는 아슐리안 석기가 발굴된 지층을 전시하고 있다.

연천 전곡리 유적지 입구

구로 만들 때 사용하거나 땅을 파서 풀이나 나무뿌리를 캘 때 사용되었다. 이 유물이 발견되는 곳은 주로 강가나 바닷가로, 우리나라뿐 아니라 유럽, 아프리카 등 선사시대의 유적이 있는 곳에서는 두루 발견되는 유물이다.

전곡리 유적지는 동아시아 최초로 주먹도끼가 발견된 곳이었다. 이 발견으로

전곡리 유적 안내도

인해 그 당시까지만 해도 비판 없이 정설로 받아들여지던 모비우스 학설이 깨지게 되었다. 모비우스 학설의 문제는 동남·동북아시아에 주먹도끼가 없는 이유를 구석기 시대부터 문화적으로 정체된 곳이라고 규정짓고 인종차별적인 문화이론을 양산하는 역할을 했다는 데에 있었다. 이 유적의 발견은 세계 고고학의 흐름을 바꾸는 결정적인 계기가 되었다.

이후 전곡리 유적지에서는 1979년부터 2010년까지 30여 년 동안 17회 이상 발굴작업이 진행되었다. 전곡리 유적지 발굴을 시작으로 한반도에서는 구석기 유적들이 연달아 발견되었고, 특히 DMZ 인근 지역에서 많이 출토되었다. 산이 뒤에 있고, 앞에는 강이 흐르는 배산임수背山臨水에, 너른 평지가 펼쳐져 있었으니 선사시대 인류가 살기에는 안성맞춤이었을 것이다.

왜 이곳이 그토록 이른 시기부터 사람들이 모여서 살아가는 곳이 되었는지는 땅의 역사에서 이유를 찾을 수 있다. 전곡리 유적지의 방문자 센터와 유적지 내부의 토층 전시관은 그 이유를 이해할 수 있는 장소다. 구석기 유물 발굴 과정에서 이 지역의 토층을 조사하고 연대를 측정한 결과, 전곡리의 현무암은 상·하부가 각각 다른 시기의 것으로 밝혀졌다. 하부는 대략 60만 년 전후의 것, 상부는 30만 년 전후에 분출한 현무암으로 확인되었다.

이처럼 전곡리 유적지는 구석기 유물이 출토된 지역일 뿐만 아니라, 지질학적으로도 매우 중요한 가치를 지닌다. 이곳 유적지는 한반도를 지질학적으로 양분하는 선인 추가령 구조곡의 서남부에 위치한다. 또한 유적 일대는 한탄강 현무암 대지 위에 있는데, 한탄강은 한반도에서 유일하게 화산이 폭발해서 생긴 강이자, 한반도에서 가장 젊은 유년기에 속한 지형이다. 그런 이유로 강의 계곡이 깊고 여울이 커서 '큰 여울의 강'이라는 뜻의 이름이 붙여졌다.

즉 전곡리 유적은 신생대 제4기에 이루어진 화산 분출과 그에 따른 한탄강의 형성, 그 후 현무암 대지에 오랜 세월에 걸쳐 퇴적층이 쌓이는 동안 이루어졌던 구석기 인류의 삶의 흔적을 품고 있는 곳이다. 방문자 센터의 영상은 방문자들이 이 역동적인 과정을 쉽게 이해할 수 있도록 기나긴 지구의 세월을 잘 보여준다.

전곡선사박물관,
선사시대 종합 안내서

넓은 선사유적지를 돌아보다 보면 어느덧 선사박물관에 들어서게 된다. 전곡선사박물관은 이곳 전곡리 선사유적지에서 발굴된 유물들은 물론이고, 한반도의 구석기 시대와 유적들에 대한 이해를 돕기 위해 만들어진 곳이다.

전곡선사박물관 전경(© 연천군청)

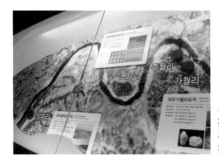

전곡리 선사박물관 내부에 들어가면 이렇게 구석기 유적지를 한눈에 볼 수 있게 안내하는 전시물을 만날 수 있다.

　　이곳에는 연천 지역과 파주 등지에서 출토된 유물들도 전시되어 있다. 우리나라에서 구석기 유적이 발견되고 연구와 조사발굴 등이 진행되기 시작한 것은 1960년대 초반의 일인데, 전곡리 유적이 세계적으로 주목을 받은 이후 여러 지역에서 발굴작업이 본격적으로 진행되었다. 전곡선사박물관이 들어서기 전 이 자리는 1990년대 중반까지만 해도 작은 컨테이너 내부에 발굴된 유물들을 전시하고 있었다. 긴 발굴 조사가 마무리되고, 이곳의 유적과 유물을 잘 보존하고 활용하기 위해 2011년 새롭게 개관한 곳이 바로 지금의 전곡선사박물관이다.

전곡리 선사인들의 사냥모습

전곡리 선사박물관 외부 전시물

선사박물관의 외관은 금속 재질로 만들어졌는데, 언뜻 보면 선사유적지와 잘
어울리지 않는 느낌을 받을 수 있다. 하지만 알차게 구성된 내부 전시물들을 보
면, 오랜 시간에 걸쳐 발굴한 노고와 이 유적지를 잘 보존하고 알리려는 의지를
엿볼 수 있다. 박물관 내부는 기획전시와 상설전시, 반짝 전시 등으로 구성되어
있으며 선사시대에 대한 이해를 종합적이고 다각적으로 할 수 있도록 운영되고
있다. 여기에는 돌로 만든 석기만이 아니라 그것을 손쉽게 쓰도록 보조적인 역할
을 하던 나무로 된 손잡이 등도 전시되어 있다.

전곡리 선사인들의 활동 모습

전곡선사박물관 내부

연천 통현리 지석묘,
현무암으로 만든 무덤

전곡에서 한탄강으로 합류하는 차탄천을 따라 철원 쪽으로 더 올라가면 연천 통현리 지석묘를 볼 수 있다. 지석묘는 고인돌의 한자어로, 최근에는 고인돌이라는 이름으로 많이 불리고는 있지만, 여전히 지석묘와 같은 옛 표현으로 유적의 위치를 설명하는 곳들이 눈에 띈다. 구석기인들의 생활상을 돌도끼로 유추할 수 있듯이 청동기 시대의 사회상과 기술 수준은 그 시대를 대표하는 무덤 양식인 고인돌의 입지, 규모, 축조 방법 등을 통해 되짚어 볼 수 있다.

통현리 지석묘 안내문

이곳의 고인돌은 앞서 만났던 양원리 고인돌과 생긴 모양이 완전히 다르다. 통현리 고인돌은 우리가 고인돌 하면 떠올리는 바로 그 전형적인 고인돌의 모양을 하고 있다. 땅 위에 높게 굄돌 두 개가 서 있고 그 위로 덮개돌이 얹어져 있는 탁자식 고인돌이기 때문이다. 또한, 고인돌의 덮개돌이 유달리 편평하고 그 돌에 구멍이 송송하게 뚫려 있어 눈길이 간다.

구멍이 송송 뚫린 돌, 바로 현무암이다. 옛사람들은 이 돌을 '곰보돌'이라고 불렀다고 한다. 이처럼 연천 통현리 지석묘는 오리산에서 분출한 화산 폭발의 자연사를 고스란히 간직하고 있다. 한탄강을 만든 화산 폭발은 서울과 원산 사이를 잇는 띠 모양의 낮은 골짜기를 만들었다. 이것이 바로 추가령 구조곡이다. 한반도의 강은 일반적으로 넓게 발달한 충적평야의 가운데를 흐른다. 이와 달리 한탄강은 수직 절벽과 기암괴석으로 이루어진 협곡 사이를 흐르는데, 바로 화산 폭발과 관

통현리 지석묘

련되기 때문이다. 청동기인들은 화산 폭발이 만든 이 돌들로 고인돌을 만들었다. 서울과 원산을 잇는 경원선 철도 역시 추가령 구조곡을 따라 놓였다. 인간의 역사가 자연의 역사를 따라가고 있는 셈이다.

연천 통현리 고인돌공원,
고인돌의 전시장

전곡선사박물관이 구석기의 여러 유물을 모아 안내하고 있는 것처럼 연천의 여기저기에 흩어져 있었던 고인돌을 모아 만든 공원이 있다. 연천 통현리에 소재하고 있는 고인돌공원이다. 이 공원은 연천 곳곳에서 발견된 고인돌들을 모아 복원하고 이들 각각의 발굴 장소와 발굴 당시 상태를 비교적 상세하게 소개하는 안내표지판을 비치해 두고 있다.

안내표지판에는 각 고인돌이 발굴된 위치와 당시 사진뿐만 아니라 이에 얽힌 사람들의 이야기들도 실려 있다. 밭에서 발견된 것도 있고, 중학교 교정에서 발견된 것도 있다. 심지어 어떤 고인돌은 개인 주택의 관상용 돌로 사용되었다. 그만

연천 고인돌공원

연천의 고인돌

큼 연천은 오래전부터 많은 사람이 살았던 곳이다. 그중에서도 통현리는 연천 지역을 통틀어 가장 많은 고인돌이 발견된 동네였다. 앞서 만났던 통현리 지석묘를 포함해서 통현리에서만 8기의 고인돌이 발견되었다.

연천군의 고인돌은 총 13곳의 장소에서 31기가 발굴되었는데, 발굴 당시 고인돌들은 주로 임진강과 한탄강의 낮은 구릉지대와 평지에 2~3기씩 모여 있었다. 공원에는 31기의 고인돌 중에서 16기의 고인돌이 이전·복원되었다. 이곳에서는 서로 다른 돌의 재질을 맨눈으로 확인하며 바둑판식 고인돌과 탁자식 고인돌들을 각각 비교해 볼 수 있다는 점이 무엇보다 좋다.

이곳에 살았던 그 까마득한 옛날의 사람들은 떠나고 없다. 그리고 그들이 구체적으로 어떤 삶을 어떤 과정을 통해 살았는지는 알 수 없다. 문자가 없던 시절,

이들이 어떻게 살았을까에 대한 궁금증은 땅의 흔적, 물의 흔적, 그리고 석기와 고인돌이라는 돌들을 통해서만 조금이나마 짚어 볼 수 있다.

연천 고인돌공원의 고인돌

석기의 제작방식과 구석기 유물의 이름

석기 제작의 기본원칙은 돌덩어리에서 하나 또는 여러 개의 격지를 떼어내는 것이다. 큰 돌의 모서리 부분에 충격을 가해 조각이 떨어져 나오게 하는 것이다. 이때 격지(lithic flake)는 큰 돌에서 떼어낸 돌 조각을 가리킨다. 격지는 물이나 풍화와 같은 자연적 원인에 의해 떨어져 나오기도 하지만, 사람이 의도적으로 만들어낸 격지는 분명한 특징을 갖는다.

예를 들어 격지가 떨어져 나오기 전의 돌인 몸돌에는 격지가 떨어져 나간 부분에 대응하는 자국이 남고 동심원 형태의 능선이 생긴다. 자연적으로 떨어져 나가면 대개 그 형태가 불규칙한 데 반해, 인위적으로 격지를 만들면 물결 모양을 보인다.

긁개(scraper)는 구석기 시대 고기를 저미거나 동물 가죽을 손질할 때 사용하였던 것으로 추정되는 몸돌에서 떼어낸 격지나 돌날을 이용해 만든 뗀석기다. 보통 한쪽에만 날을 만들고 크기도 작은데, 형태는 대부분 길쭉한 잎사귀 모양을 하고 있다. 손잡이 부분은 뭉툭하게 다듬어져 있다.

돌날(blade)은 격지 중에서도 길이가 너비보다 2배 이상 긴 돌 조각을 가리킨다. 이는 주로 몸돌을 이용해 만드는 주먹도끼(hand axe)나 찍개(chopper)와는 대조적인 점이다. 찍개는 돌의 한쪽 가장자리에 날이 조성되어 있다. 다양한 형태를 가지고 있으나 일반적으로 날이 있는 반대쪽은 자연 상태로 둔 면으로 손잡이에 해당하는 부분이다.

05 —

아는 만큼 보인다,
연천문화기행

│ 연천문화원 - 신망리 마을박물관 - DMZ 연천 피스브릭하우스 - 조각가 박시동 미술관

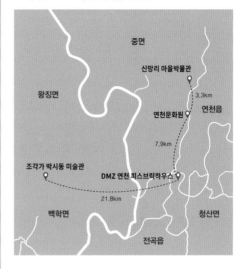

연천문화원, 알짜배기 연천여행안내서
신망리 마을박물관, 경계선에 접한 마을의 어제와 오늘
문화복합공간을 꿈꾸는, DMZ 연천 피스브릭하우스
조각가 박시동 미술관, DMZ문화예술의 공간

‘아는 만큼 보인다’는 말이 있다. 어디에 무엇이 있는지, 그것이 어떤 의미를 지닌 것인지, 또 어떤 역사와 숨겨진 이야기가 있는지 알면 알수록 그곳이 새롭게 보인다는 뜻이다. 여행지에 대해서 잘 알면 그만큼 여행은 더 즐겁고 알차다.

DMZ 접경지역은 밖에서 보면 군사적 이미지가 압도적인 곳이다. 그러다 보니 곳곳이 가진 층층의 역사와 겹겹의 특색이 무엇인지 조금 더 관심 있게 들여다보지 않으면, 눈에 잘 들어오지 않는 면이 있다. 뭔가를 알고 있다 하더라도 이름만 들으면 알 법한 유명인사와 관련된 어떤 것이 아니라면 지나치고 갈 법한 곳들도 있다. 하지만 어느 지역이든 여행지의 역사와 문화 등에 대한 일종의 안내서 같은 역할을 해주는 장소들이 있기 마련이다.

연천문화원,
알짜배기 연천여행안내서

연천에서 그와 같은 여행안내서 역할을 하는 공간 중 하나가 연천문화원이다. 연천문화원은 연천지역의 역사와 전통, 문화를 개발하고 전승하는 것을 목적으로 설립된 곳으로, 연천지역 유적답사와 민속 발굴, 향토지 발간사업 등을 꾸준히 진행하고 있다. 이곳은 연천군청과 교육지원청이 있는 연천 읍내에 자리 잡고 있는데, 도시의 박물관이나 문화센터처럼 좋은 시설들을 갖추고 있지는 않지만, 지역 주민들의 연천에 대한 애정과 애착이 강하게 묻어나는 곳이다.

문화원 마당에 들어서면 사람들의 노랫소리를 가장 먼저 만나게 될 수도 있다. 군민들을 대상으로 하는 다양한 문화 교실이 이곳 문화원에서 진행되기 때문이다. 2층으로 올라가면 이곳을 운영하는 사람들을 만나서 직접 민속 발굴과 향토지 발간 등에 대한 다양한 정보를 안내받을 수 있다.

연천문화원 전경

문화원 1층에는 향토사료관이 있다. 이곳에서는 연천지역의 역사와 문화에 대한 정보들을 전시물을 통해 접할 수 있다. 박물관처럼 구성된 향토사료관은 비록 규모는 작지만, 구석기 시대부터 근대에 이르는 연천지역의 역사와 유물유적에 대한 안내를 모두 담고 있다. 향토사료관을 잠시 돌아보면, 이곳은 유물이나 유적 안내를 중심으로 한 역사박물관보다는 생활사 박물관에 가깝다는 인상을 받는다. 그도 그럴 것이 연천지역의 옛 모습이 어땠는지, 어떻게 변화되어왔는지를 순서대로 배치하여 소개하고 있기 때문이다. 물론 구석기 유적뿐만 아니라 청동기 시대의 대표적인 유적인 고인돌도 연천 내에 다수 보유하고 있어 이에 대한 안내도 확인할 수 있다.

그러나 향토사료관의 중심을 차지하고 있는 것은 단연 주먹도끼와 같은 선사시대 유적에 대한 안내다. 연천은 구석기 유적인 전곡리 선사유적지에서 발굴된 주먹도끼로 유명해진 곳이다. 1978년 한 주한미군에 의해 우연히 발견된 돌 하나가 세계 고고학사를 뒤엎을 만한 결과를 가져왔고, 지금의 전곡리 선사유적지, 전곡선사박물관이 만들어지는 계기가 되었다. 그러나 30여 년 동안 진행된 구석기 유적 발굴 조사가 지역 주민들에게 마냥 좋기만 한 것은 아니었다. 아슐리안

연천문화원 내부

형, 즉 주먹도끼가 발굴된 한탄강 선사유적지의 규모가 대단한 데다가 이 인근을 포함한 임진강·한탄강 일대도 선사유적지일 가능성이 크기 때문에 오랫동안 지역 개발이 제한되었기 때문이다.

향토사료관을 들른 후 연천지역 여행을 이어나갈 계획을 짰다면, 사료관 안에 있는 향토안내 유적 모형을 잘 살펴봐야 한다. 연천지역에는 선사 유적과 고인돌뿐만 아니라 한탄강과 차탄천, 임진강에 분포해 있는 지질답사 지역들이 다수 분포해 있어서 이들 유적 모형으로 전체를 일괄할 수 있기 때문이다. 여기서는 선사 유적, 고인돌, 지질공원뿐만 아니라 사찰이나 향교 등을 비롯한 연천의 향토 유적지의 분포 안내를 받을 수도 있다.

신망리 마을박물관,
경계선에 접한 마을의 어제와 오늘

연천문화원에서 지금은 구^舊도로로 불리는 3번 국도를 따라 북쪽으로 길을 잡으면 왼쪽에는 야트막한 산, 오른쪽에는 차탄천을 끼고 이어지는 소담한 풍경이 눈에 들어오기 시작한다. 물줄기를 따라 구부러진 좁은 길을 따라가면, 얼마 안 가 기찻길을 끼고 있는 작은 마을을 만난다. 이 마을에는 동네 이름을 딴 작은 박물관이 있다. '신망리 마을박물관'이다.

신망리를 지나는 철길

신망리 마을박물관

2021년 1월에 개관한 신망리 마을박물관은 그 이름처럼 이곳에 살았던 사람들과 지역의 역사를 담은 조금 특별한 공간이다. 기찻길 옆, 마을 초입에 자리를 튼 신망리 마을박물관은 'new hope town'이라는 간판을 달고 있다. 박물관은 진나래 작가와 '비무장사람들'이라는 문화예술인들의 소모임에서 주관해 문을 열었다. 이곳은 접경지역 연천이 어떤 곳이고 어떤 삶을 만들어가고 있는 곳인지를 이해할 수 있는 장소다.

박물관의 전시 가운데 눈길을 끄는 것 하나는 집마다 있었던 방공호를 그린 작품이다. 신망리는 상1리와 상2리를 아울러 부르는 마을 명으로, 한국전쟁이 끝난 후에 붙여진 이름이다. 전쟁 전, 38도선 위쪽에 자리한 이곳은 북측 지역이었다. 이른바 '수복지구收復地區'라고 불리는 마을인데, 수복지구는 전쟁 전까지는 북에 속하였지만, 정전협정 이후에는 남에 속해 대한민국에 편입된 군사분계선 이남 지역을 이른다. 개성이 전쟁 전에는 남쪽에 속했지만, 전후에는 북쪽에 속하게 된 것처럼, 접경지역의 북쪽과 남쪽에는 '주인'이 바뀐 곳이 더러 있다.

신망리는 1953년 정전협정 당시에는 군정하에 있었는데, 1954년 '수복지구

신망리의 과거를 만나는 현재의 시간

임시행정조치법'이 시행되면서 공식적인 대한민국 행정구역으로 편입되고, 그 후 미군 7사단의 주도로 피난민 정착촌으로 조성되기 시작했다. 수복지구에 해당하는 곳은 대부분 치열한 전투가 벌어진 지역이다. 정전협정이 진행되는 동안에도 중부와 동부전선에서는 '고지전'이라고 불리는 전투들이 지속되었다. 연천의 경우 백학면과 신망리 등에서도 160여 회에 달하는 치열한 공방이 이어졌다.

전쟁 기간 폭격으로 초토화되었던 이곳은 미군의 계획에 따라 피난민 정착촌으로 변모해갔다. 막 전쟁이 끝나고 수복지구로 편입되었을 때는 현재 상리초등학교 터에 천막을 쳐놓고 사람들을 살게 했다. 어쨌거나 이 마을은 전쟁 후 연천읍에서 가장 먼저 사람들의 입주가 시작된 곳이었다. 상리라는 옛 이름 대신 붙은 신망리新望里, 새로운 희망이라는 뜻의 이름은 미군들이 조성하면서 붙여준 'new hope town'에서 온 것이다.

폐허가 된 땅으로 돌아온 사람들은 제비뽑기해서 한 가구당 약 100평의 땅을 지정받았다. 그리고 미군이 제공한 물자와 설계도에 따라 군인들과 함께 보금자리를 마련했다. 그렇게 해서 이곳에 들어선 집이 100호였다. 전쟁이 끝나고 모든

작은 미술관으로 운영 중인 현재 신망리역

것을 새로 일구어 살아가야 했을 이들의 마음이 새로 작명한 마을 이름처럼 희망
차기만 하지는 않았을 테지만, 이곳에 살아갈 터전을 잡은 사람들은 농사뿐 아니
라 미군을 비롯한 군수 경제의 힘으로 수복 후 가장 먼저 번화한 마을의 주민들
이 되었다.

　기찻길의 동쪽 편에는 다방 거리라 불리는 곳이 있다. 수복 이후에 연천읍 관
내에서 최초로 다방이 생겼다는 의미에서 붙여진 이름이다. 그리고 전쟁 전에는
역이 없었던 이 마을에는 신망리역이라는 작은 역사(驛舍)가 들어섰다. 그때 지은
건물이 지금도 같은 모습으로 그 자리를 지키고 있다.

　이처럼 빠르게 활력을 찾은 것처럼 보이는 마을이지만, 수복지구에는 마냥 희
망찬 일상만이 있었던 것은 아니었다. 물리적인 휴전선이 확정되어 세워지기 전
까지, 수복지구에서는 잃어버린 가족을 찾기 위해서, 돌아가야 할 고향을 향해서,
혹은 다른 이유가 있어서 월남하거나 월북하는 사례들이 잦았다. 그러다 보니 가
택 수색, 고발, 사상 검증과 같은 일들도 자주 일어날 수밖에 없었다. 무엇보다 휴
전선 가까이에 있는 지역이었기 때문에 폭격과 수색에 대비한 방공호가 집마다
있었다.

마을의 번성은 미군의 계획에서 시작되었기에 그들이 떠난 뒤 마을은 활기를 잃어버렸다. 그나마 기차가 시간마다 운행될 때는 그 적막함이 덜했다. 그러나 지금은 경원선 복선화 사업으로 운행이 중단되면서, 작은 소란함을 몰고 오던 통근열차가 더는 다니지 않게 되었다. 언젠가 다시 덜컹거리는 기차 소리가 울릴 날이 온다면, 기찻길을 따라 북녘까지 여행을 가는 사람들이 많아질 날이 온다면, 다시새로운 번성의 노래가 마을에 찾아들지도 모르겠다.

처음 역이 들어설 당시 건물 그대로인 신망리역은 이제 작은 미술관으로 운영되고 있다. 조성 당시의 도시계획 형태를 그대로 유지하였던 이곳은 지난날 잠시나마 번화하였던 시간의 흔적을 고스란히 안고 있어서, 인근 마을들과는 다른 인상을 주는 풍경을 만들어내고 있다. 그리고 그 시간을 살아냈던 이들의 애환 역시마을박물관에 담겨 전해지고 있다.

문화복합공간을 꿈꾸는,
DMZ 연천 피스브릭하우스

신망리역을 등지고 다시 3번 국도를 따라 남쪽을 향해 길을 잡는다. 좁았던길이 점차 트이면서 제법 널찍한 평야 지대를 지나면 전곡읍 은대리에 닿는다. 전곡읍 은대리 267-1번지. 이곳에도 굴곡진 연천의 지난날을 품고 새로 태어난 공간이 있다.

2019년, 연천군은 폐쇄한 벽돌공장이었던 이곳을 매입해 문화체육관광부에서 진행하는 '한반도 생태평화벨트' 사업의 일환인 'DMZ 문화예술 삼매경' 사업의 거점으로 선정했다. 이곳은 연천뿐만 아니라 앞으로 경기 북부에 속하는 DMZ 접경지역을 아우르는 복합문화공간 조성을 목표로 기획 프로그램을 포함한 다양한 기반 정비 사업이 진행되고 있다.

'피스브릭하우스(PEACE BRICK HOUSE)'로 임시 명칭이 붙은 이곳은 20년 가까이 방치된 채 있었다. (주)신중앙요업에서 운영하던 이 공장은 1989년부터 건축에 필요한 다양한 벽돌을 생산하던 곳이었다. 연천은 기본적으로 벽돌공장이 들어서기 좋은 자연적 조건을 가진 곳이었다. 한탄강과 임진강 주변의 고운 강모래나 구석기 시대의 토양층인 적갈색의 고운 점토는 최적의 벽돌 재료였다. 두 개의 강이 만나고 드넓은 구석기 유적지가 위치한 전곡은 1920~30년대부터 재래식 벽돌공장이 들어선 곳이었다. 피스브릭하우스가 위치한 곳 역시 동쪽으로 한탄강이 굽어 흐른다.

전쟁 후에도 벽돌을 생산하는 공장이 여럿 들어서서 제법 호황을 누렸다. 그러나 건축 방식이나 건축 자재가 점차 변화하면서 벽돌에 대한 수요가 줄어들었고, 결국 2001년 이 공장은 문을 닫았다. 다른 곳들도 마찬가지 사정이라 대부분 폐업하고 현재 연천군에서 벽돌을 생산하는 공장은 청산면과 궁평리에 있는 두 곳뿐이다. 피스브릭하우스의 높은 굴뚝이 근대화와 산업화 시절의 기억을 보여주는 듯하다.

연천 피스브릭하우스 예술이 찾아왔다.

연천 피스브릭하우스 옛 모습이 엿보인다.   연천 피스브릭하우스 건물 지붕

DMZ 접경지역의 다른 지자체와 마찬가지로 연천 역시 지역의 특성을 발현한 새로운 활력소를 두고 고민을 하고 있다. 군사 제한구역이 많은 '변방'의 땅은 군인들 덕에 먹고 산 시절과 자연환경에 기댄 생산을 통해 그나마 호황을 누리던 시절을 지나 새로운 시대를 맞이하고 있다. 여전히 농사꾼들이 많지만, 그것만으로 이들의 삶이 지탱되지는 않는다. 문화와 예술이 DMZ를 이전과는 다르게 상상하고 만들어갈 기회를 지역의 안과 밖에 불어넣고 있다. '평화'라는 이름을 품은 피스브릭하우스에는 삼엄한 군사지역에서 평화를 꿈꾸는 문화공간으로 달라지길 염원하는 연천의 고민이 담겨 있다.

조각가 박시동 미술관,
DMZ문화예술의 공간

남북의 물리적 대치가 지속되고 있는 지금, 여전히 DMZ 접경지역은 변방에 가깝다. 변방의 어려움 중의 하나는 지역 안에서 풍성한 문화예술을 접할 수 없다는 것이다. 그러다 보니 다수의 접경지역에 있는 아이들이 많은 것을 보고, 듣고, 체험해 볼 기회를 얻기란 쉽지 않다. 연천 내에서 신망리 마을박물관이나 피스브릭하우스 같은 새로운 문화 예술적 시도들이 여러 방면에서 진행되기 시작한 것은 얼마 되지 않은 일이다.

비슷한 문제의식을 지니고 있던 일부 예술가들이 1990년대부터 뜻을 모아 연천지역에 부지를 사들여 미술관을 세우고 지역 예술제를 만들어 활동을 진행했다. 대표적인 곳이 백학면에 있는 석장리 미술관이다. 2021년 석장리 미술관은 '조각가 박시동 미술관'으로 명칭을 바꾸었다. 미술관으로 가는 길은 좁은 시골길을 따라 한참 들어가야 한다. 게다가 미술관에 도착하면 안내문 하나 제대로 없이 조각 작품들이 야외에 늘어서 있어서 당혹감을 느낄 수 있다.

이렇게 조각공원이 조성된 이유는 미술관을 운영하는 관장의 운영철학 때문이기도 하다. 작은 버드골이라고 불리던 이 시골 마을에서 청소년들을 대상으로 하는 무료 예술교육을 부탁받던 미술관 관장은 자신을 '농사꾼'이라고 말하는 조각가 박시동이다. 그는 이곳에서 아이들을 가르치는 과정에서 지역 청소년들에게 다양한 문화와 예술을 접할 기회를 제공해야 할 필요성을 절실히 느꼈다. 더욱

조각가 박시동 미술관

이 DMZ 접경지역인 연천이 지닌 분단의 상처와 극복, 또 생태환경의 보존 등 복합적인 문제를 문화예술에 담아내 제대로 알려 나갈 필요가 있었다. 그래서 뜻을 함께할 예술가들을 모아 1991년 이곳에 미술관을 열고 작품을 하나하나씩 전시하기 시작한 것이다.

박시동 미술관의 작품들

자연스러움을 최대한 살려 자연과의 조화라는 관점에서 조각공원을 조성하다 보니, 사람들이 흔히 생각하는 세련됨과는 거리가 멀고 오히려 투박해 보일 수 있다. 게다가 사람들이 자연스럽게 작품을 감상하도록 하다 보니 어떤 의도를 가지고 어떤 의미를 부여하여 작품을 만든 것인지 안내하는 설명문도 없다. 물론 작품이 놓여 있는 야외 공간에는 제초제도 사용하지 않는다. 따라서 조각품들은 무성한 풀들과 함께 공존한다. 조각가 박시동 미술관은 이처럼 자연의 투박함이 주는 아름다움을 살려, 자연과 조화를 이룬 인간의 미를 구현하고 있다.

겉보기에 특별해 보이지 않는 이 미술관이 조금 특별한 이유는 사실 미술관에서 매년 주최하는 '민통선 예술제'에 있다. 특별한 소신을 지닌 미술관 관장은 미술관만 여는 게 아니라 민통선 지역에 지역 예술제를 만들어 분단극복과 DMZ 환경보전에 대한 의식을 더욱 확산하겠다고 결심했다. 그래서 이 뜻에 동참하는 예술가들과 함께 1999년부터 '민통선 예술제'를 해마다 개최하고 있다.

그런데 민통선 예술제가 처음 시작될 때 만해도 군부대의 감시와 통제를 받으면서 진행되었다고 한다. 그만큼 이 지역에서는 문화예술 활동에 대한 인식이 높지 않았다. 그러나 민통선 예술제는 현재 경기도와 연천군은 물론 문화체육관광부와 인근 부대의 후원을 받으면서 진행되는 연천의 중요한 문화행사로 자리 잡았다. 2014년부터는 강원도 화천군도 함께 이 예술제를 진행하고 있어, 언젠가는 DMZ 전 지역 민통선 마을들이 함께 참여하는 문화예술 행사로 자리 잡아 나갈 것으로 기대된다.

현재의 미술관만 놓고 보면, 연천의 문화예술이나 DMZ의 특징을 드러내는 문화예술을 특화했다고는 볼 수 없지만, 민통선 예술제가 활성화되고 조각가 박시동 미술관이 그 중심 역할을 해나간다면 연천을 넘어 DMZ 문화예술의 중요한 안내지가 될 수 있을 것으로 보인다.

민통선 예술제 말고도 이곳 연천지역에서 진행되는 국제적인 문화예술행사가 또 하나 있는데, 바로 'DMZ 국제음악제'다. 2011년부터 '평화와 화합'이라는 주제로 연천군에서 진행되고 있는 이 국제음악제는 2019년 7월~9월, 제9회 음악제를 연 바 있다. 이 국제음악제에는 국내와 해외의 저명한 클래식 음악가들이 참가하며, 다양한 장르의 음악들로 구성되어 진행되고 있다. 세계 유일 분단국가의 DMZ는 많은 외국인에게 이렇듯 관심의 대상이 되고 있다.

그도 그럴 것이, 분단이 갖는 전쟁과 평화에 대한 의미가 남다르기 때문이다. 비록 휴전선을 맞대고 남과 북이 대치하고 있는 현실이지만, 평화를 기원하고 화합을 염원하는 문화와 예술이 상처 입은 사람들의 마음을 위로하고 함께 살아갈 발판이 되어줄 수 있다면, 더없이 좋을 것이다.

다만, 민통선 예술제나 DMZ 국제음악제 모두 이곳을 살아가는 사람들보다는 이곳을 찾아야 할 이유를 가진 사람들을 위한 문화행사의 성격이 크다는 점이 아쉽다. 지금의 좋은 기획 의도들이 잘 보완되어 이곳 지역 주민들이 스스로 문화행사의 능동적인 제작자가 되고 참여자가 되는 문화행사로 변모해나간다면, DMZ 접경지역이 지닌 안보, 역사유물·유적 보호, 생태환경 보호라는 단편적이고 수동적인 맥락을 넘어서 더 다양하고 생동감 넘치는 생활문화의 공간으로 거듭날 수 있을 것이다. 신망리 마을박물관은 그런 시도의 하나라고 볼 수 있다.

박시동 미술관의 작품들

연천문화원에서부터 조각가 박시동 미술관으로 이어지는 연천의 문화공간들을 돌아보고 나면, 이곳에 살아가고 있는 이들이 가진 유산들에 대한 고민이 엿보인다. 오랜 역사를 간직한 연천이라는 정체성과 DMZ 접경지역으로서 갖는 또 다른 정체성이 만들어 낸 연천의 문화콘텐츠들이 방문하는 사람과 살아가는 사람들 사이에 남아 있다.

'아는 만큼 보인다'라는 것은 단지 이곳을 찾는 사람들에게만 해당하는 이야기는 아닐 것이다. 연천의 방문객들이 알찬 연천 기행을 위해 문화원을 처음 방문하는 것이 권유되듯, 이곳을 살아가는 사람들에게도 그들이 살아가고 있는 삶의 공간에 대한 의미를 발견해 나가는 것이 더욱 필요할 것이다.

문화의 개념은 다양하지만, 문화라는 말이 공통으로 갖는 개념적 의미는 '인간의 공동체적 활동을 통해 만들어지는 유형과 무형의 산물들'이다. 인간의 공동체 활동은 시대와 환경에 따라 조건을 달리하며 변화한다. 그리고 그 변화하는 인간의 삶은 그 자체로 문화가 되기도 한다. 마치 구석기 시대 사람들의 생존 그 자체가 지금에서는 하나의 문화콘텐츠가 된 것처럼, DMZ 접경지역이라는 지금의 삶도 문화와 예술이 될 수 있을 것이다 분단 상황이라는 역사저 조건에서 빚어진 삶의 현재성과 자신들이 지닌 것들에서 의미를 발견하는 일은 매우 중요한 일이다.

DMZ 문화예술 삼매경

DMZ 연천 피스브릭하우스는 문화체육관광부와 함께 접경지역 지자체와 지역문화재단이 만들어가는 새로운 사업 'DMZ 문화예술 삼매경'의 하나로 조성된 공간이다. DMZ 문화예술 삼매경은 관·민·예술가가 함께하는 프로그램 및 문화예술을 통해 한반도 DMZ 지역을 새로운 이미지로 개선하기 위한 사업으로 경기도에서는 경기문화재단과 연천군이, 강원도에서는 강원문화재단과 고성군이 첫 작업을 시작했다.

강원도 고성군에는 연천과 마찬가지로 DMZ 일원을 문화예술지구로 조성하여 군사적 이미지를 평화적 이미지로 탈바꿈시키기 위한 문화예술 프로젝트 공간으로 '고성 ART HOTEL Re:maker'가 문을 열었다. 이곳은 고성의 최북단 마을 명파리에 있던 (구)명파DMZ비치하우스를 아트호텔로 개조한 것이다. 아트호텔 '리메이커'는 2층짜리의 2개 건축물로, 8개의 아트룸(객실)이 평화, 생태, 미래를 주제로 한 작품들로 구성되어 있다. 호텔 리메이커는 세계 두 번째로 군사 접경지역에 세어진 예술 호텔이다. 첫 번째는 이스라엘 베들레헴에 있는 '벽에 가로막힌 호텔(walled off hotel)'로 팔레스타인 분리 장벽에 2017년 세워졌다.

06

경원선의 철마는
계속 달리고 싶다

초성리역 – 한탄강역 – 전곡역 – 연천역 – 연천역 급수
탑 – 신탄리역 – 고대산 역고드름 – 백마고지역

경원선, 철길과 함께 달라진 삶
초성리역, UN의 군수품 하역소
한탄강역, 한탄강관광지의 정차역
전곡역, 전방부대원들의 중간기점
연천역, 북의 전차 수송을 위한 화물홈
연천역 급수탑, 증기기관차의 물 급수장치
신탄리역, 구 철도중단점
고대산 역고드름, 전쟁이 만든 얼음동굴
백마고지역, 신 철도중단점

_____ 오래된 경원선로와 새로 만들어진 경원선로가 평행선으로 달리는 연천의 철길은 다양한 시대의 이야기들을 품고 있다. 연천은 경원선이 지나던 길목에 있는 한 지역이다. 경원선 철로는 여전히 연천을 남북으로 관통하고 있다.

연천은 예부터 연천, 마전, 삭녕으로 불리다가 1914년에 연천이라는 단일한 행정구역으로 합쳐져 오늘날에 이르게 되었다. 마전과 연천은 임진강을 경계로 마주 보고 있었고, 삭녕은 그 위쪽, 지금은 북방한계선 이북이 된 지역이다. 이 세 개의 지역은 북으로는 개성과 평양, 남으로는 한양, 서로는 인천, 동으로는 금강산을 잇는 중간지대였다. 그리고 서울과 원산을 연결하는 좁고 긴 골짜기, 추가령 지구대가 지나는 곳이기도 하다. 경원선 철도는 바로 추가령 지구대를 따라 길을 낸 자리에 놓였다.

_____ 그래서 이곳은 북쪽의 문화가 남하하는 통로이자 한강 하류와 서해 도서 지역의 문화가 임진강을 역류하여 올라오는 지역이기도 했다. 수운을 중심으로 삼았던 고려와 조선 시대만 해도 연천은 남방과 북방을 연결하는 중간지 역할을 했던 곳이다. 후에 기찻길이 놓이고, 그 길을 따라 사람과 물자가 이동하기 시작했다. 그리고 분단과 전쟁을 거치며 이어진 철로에는 전처럼 종점을 향해 달리는 기차는 찾아볼 수 없게 되었다. 연천의 철로에는 그처럼 분단의 아픔과 통일의 염원이 깊게 아로새겨져 있다.

경원선,
철길과 함께 달라진 삶

경원선은 원래 서울과 원산을 연결하는 철도로, 1911년 용산~의정부 구간이 개통되면서 운영되었다. 구한 말, 제국의 열강들은 경원선의 부설권을 두고도 싸움을 벌였다. 철도는 한반도에 밀어닥친 제국주의의 침탈과 식민으로 이어지는 한국 근대사의 핵심에 있는 코드다. 1896년, 프랑스의 피브릴(Fives-Lille) 사가 경원선 부설권을 조선 조정에 처음 요청했을 때만 하더라도 조선은 이를 거절할 힘을 갖고 있었다. 그래서 프랑스, 독일, 일본이 연달아 경원선 부설권을 청구하며 줄기차게 외교적 압력을 넣었지만, 그 당시 정부는 '철도와 광산 경영은 일체 외국인에게 불허한다'라는 방침을 고수할 수 있었다.

하지만 1904년, 경원선의 최종 부설권은 결국 일본에 넘어갔다. 일본은 1910년 10월부터 공사를 시작하여 1914년 8월 223.7km 전 노선을 완공하여 개통했다. 지금의 경원선은 서울 통근권역으로 묶여 수도권 1호선이 다니는 구간과 북쪽 권역으로 나누어져 있다. 러일전쟁에서 승리한 일본은 철도용지와 군용지 확보를

경원선 운행 초기 증기기관차 모형

경원선 저 멀리

명목으로 대한제국 정부가 소유하고 있던 국유지와 교통중심지에 있던 경비 충당용 토지를 빼앗았다. 이것은 비단 경원선 부지에만 벌어진 일이 아니었다. 군용지에 필요한 지역은 거의 제한 없이 차지했고, 군 주둔지의 토지를 대량으로 약탈하기도 했다. 철도를 부설하는 과정에서 민간인이 소유하고 있는 농토가 있으면 어김없이 철도 용지에 편입시켰다. 농민들 역시 강제로 철도 부역에 동원되었다.

1906년 5월 15일 자 〈대한매일신보〉에는 "철도가 지나는 지역은 온전한 땅이 없어 기력이 남아 있는 사람이 없으며, 열 집에 아홉 집은 텅 비었고, 천 리 길에 닭과 돼지가 멸종했다."라는 기사가 실렸다. 일본은 2천만 평이 넘는 철도용 대지를 빼앗고 연인원 1억 명이 넘는 것으로 추산되는 조선인을 동원하여 하루 12시간 이상 노동을 시켜 철도 건설을 진행했다.

그런 이유로 철도가 건설되는 주변의 주민과 철도부설 공사에 동원되었던 노동자들이 각지에서 공사 현장이나 철도를 공격하는 일들이 벌어지기도 했다. 열차 운행을 방해하거나 열차에 탄 친일파와 일본인을 습격하는 일 등이 벌어지게 된 것이다. 일제는 이와 같은 행위에 대해 강한 탄압과 보복을 자행하였지만, 이런 일은 계속되었다.

철도는 이렇듯 한반도에서 열강의 수탈과 침략의 도구였다. 하지만 역설적으로 이 땅을 살아가던 사람들이 자신의 삶과 미래를 만들어가기 위한 기반으로 활용하기도 했다. 1919년, 삼천리 방방곡곡에서 진행된 3·1운동에서도 철도는 중요한 역할을 했다. 3월 1일, 서울과 평양 등지에서 시작된 만세 시위는 3월 중순으로 접어들면서 철도 정거장이 있는 중소도시로 확산했다.

3월 말에서 4월 초 사이, 이제 전국 대부분 지역에서 만세 시위가 이어졌다. 서울의 학교들이 휴교하면서 유학을 와 있던 학생들이 기차를 타고 고향으로 내려갔다. 이들의 귀향과 함께 철길을 따라 만세 소리가 퍼져나갔다. 만세 시위의 불길은 일제의 거센 탄압에도 불구하고 전국으로 퍼져나가 6월까지 계속되었고, 연인원 2백만 명이 넘는 사람들이 참여했다.

3·1운동 이후에도 기차는 식민지배에 저항하는 사람들에게 중요한 수단으로 활용되었다. 수많은 독립운동가가 철도를 타고 이동하며 독립을 준비했다. 국외로 이동해 독립운동을 이어가던 이들을 국내와 연결하던 독립운동가 정정화 선생은 철길을 이용하여 상하이와 서울을 6번이나 드나들었다.

초성리역,
UN의 군수품 하역소

경원선이 처음 개통되던 당시 기점인 용산을 기준으로 두고 보면, 용산역에서부터 소요산역까지가 1호선 구간이었다. 소요산 너머 북쪽 권역을 다니는 경원선에는 동두천에서 백마고지까지 통근열차가 운행되었다. 그런데 이 열차 노선은 2019년 4월 1일부터 2022년 5월까지 경원선 복선전철화공사로 운행이 중단된 상태다.

초성리역

남쪽을 기준으로 봤을 때 연천의 첫 번째 역은 초성리역이다. 경원선이 전철 1호선과 통근열차로 나뉘기 전만 해도 원래 초성리역은 소요산역 다음 정거장이었다. 동두천과 맞닿은 연천 초입에 자리하고 있는 이 역의 위치를 찾는 것은 의외로 간단하다. 역이 '한라시멘트'라는 큰 시멘트 공장 건물 인근에 있기 때문이다. 인적이 드문 이 간이역 플랫폼에 들어서면 줄줄이 늘어서 있는 시멘트 화물열차를 쉽게 볼 수 있다.

초성리역 근처에는 한라시멘트 공장이 있다.

초성리역은 1950년에 UN 군수품 하역소로 개시한 역이다. 이곳은 처음부터 군수용으로 사용할 목적이었으며, 경원선의 역 가운데에서도 뒤늦게 만들어졌다. 그래서 이곳은 여객 중심이 아니라 군 화물과 시멘트 화물 수송 업무를 주로 담당했다. 경원선이 전철 1호선과 분리되어 통근열차가 다니게 된 뒤에도 통행량이 계속 줄어 초성리역은 차내 취급 역으로 지정되었다. 보통 여객들은 하차하지 않는 역이 된 것이다.

한탄강역,
한탄강관광지의 정차역

초성리역 다음 역은 한탄강역이다. 한탄강역은 강이 굽어 돌아가는 한탄강관광지 인근에 있는데, 만들어질 때부터 간이역으로 세워져서 처음부터 '무배치 간이역'으로 운영했다. 무배치 간이역은 열차표를 끊는 곳도 없고 역에서 근무하는

한탄강역

한탄강역을 지나는 철교

사람도 없는 무인 승차역을 말한다. 오토캠 핑장이 들어선 한탄강관광지가 명성을 얻으면서 차박이나 캠핑을 즐기러 오는 사람들도 자주 이곳을 찾는다. 이곳에 오면 '한탄 강역'이라는 오래된 간판을 만나게 된다. 지키는 사람 하나 없는 한탄강역에 들러 플랫 폼에 서면 꼭 과거로 시간여행을 온 것 같은 기분이 든다.

전국 주요 도시에 전철이 깔리고, KTX가 운행되기 시작하면서, 많은 기차역이 역사 驛舍를 현대화했다. 그래서 우리는 코레일의 파란 안내 표지들이 가득한 역사를 전국 어디에서나 익숙하게 만날 볼 수 있다. 먼 곳으로 여행을 떠날 때만 들리던 기차역의 이미지가 더는 아니다.

서울 수도권의 전철역들은 지하뿐 아니라 지상의 역들까지 안전문을 설치하였고,

한탄강역을 지나는 열차는 어디로 달려가고 싶은 것일까

이로 인해 '기찻길'과 같은 정취를 가진 역들을 만나보기 더욱 어려워졌다. 이런 상황에서, 옛 영화에나 나올 법한, 낡고 허름한 한탄강역은 한탄강의 경치와 어울려 빛바랜 과거의 기억을 현재화하는 착각을 일으킨다.

전곡역,
전방부대원들의 중간기점

한탄강을 건너 열차가 다음에 정차하는 곳은 전곡역이다. 전곡역은 연천역과 더불어서 연천을 지나는 경원선의 가장 오래된 역이다. 경원선은 1911년 용산

전곡역

전곡역사 안의 모습

전곡역은 무수히 많은 역으로 이어지는 현장이었다.

무인역임을 알리는 안내판마저 세월에 빛바래졌다.

~의정부 구간이 개통되고, 1914년에 전체 노선이 개통되었는데, 전곡역은 이미 1912년에 보통 역으로 영업을 개시했다. 경원선의 역사歷史와 함께 시작된 곳이라고 할 수 있다. 전곡은 연천군에서 보면 가장 번화한 지역이라고 할 수 있다.

전곡 읍내에는 버스를 탈 수 있는 터미널이 두 개 있다. 서울을 비롯한 남부 지역으로 나가는 노선의 버스들이 드나드는 시외버스터미널과 파주나 철원, 내산리와 동막리 등의 골짜기로 가는 노선버스들이 드나드는 터미널이 있어서 사람들의 왕래가 꽤 잦다.

통근열차가 다닐 때만 해도 연천지역에서 군 복무를 하는 군인들은 경원선을 타고 전곡역에서 내려 버스를 타고 부대로 이동하는 경우가 많았다. 그러다 보니 중간기점 역할을 하는 전곡 읍내가 연천에서는 가장 활기를 띨 수밖에 없다. 거기다 전곡에 선사박물관이 세워지고, 매년 5월에는 구석기 축제가 열리기 때문에 이를 찾는 사람들도 늘어나고 있다.

연천역,
북의 전차 수송을 위한 화물홈

전곡역을 지나 기찻길은 너른 들판을 달리기 시작한다. 이제 주위에는 높은 건물이라고는 하나도 눈에 들어오지 않고 야트막한 산등성이를 낀 시골 풍경만이 눈에 담긴다. 전곡읍을 지나 연천읍으로 들어서고, 다음 정차역은 연천역이다. 한탄강을 따라 달리던 경원선은 어느 순간 한탄강이 아닌 차탄천을 끼고 북상한다. 1914년에 개통한 연천역은 차탄리 즉, 연천 행정의 중심지에 있다. 그런데도 연

연천역

연천역 안내판

천역이 있는 연천 읍내에 내리면 전곡역보다 훨씬 한적하다는 느낌을 받게 된다.

그 이유는 이곳이 전곡보다 더 북쪽에 있기 때문이다. 접경지역인 북쪽으로 가까워질수록 사람들의 이동이 눈에 띄게 줄어든다. 군사적인 이유도 있지만 그만큼 인구밀도가 떨어지기 때문이다. 그래서 군청이나 교육청, 경찰서 등 행정시설이 밀집되어 있음에도 연천은 전곡보다 언제나 한산하다.

연천의 위도가 38도선 위쪽이기 때문에, 이 지역은 해방 직후에는 북에 속한 곳이었다. 연천역이 남측에 다시 속하게 되고, 철도 영업을 개시하게 된 것은 1952년 9월이다. 연천역에 지금도 남아 있는 화물홈은 이곳 연천역을 사용하였던 북의 흔적이 남아 있는 공간이다. 북측은 겨울철에 쌓이는 눈이나 여름철 홍수 등에 대비하여 1층을 지상에서 띄워 공중에 설치하는 건축형식인 고상식으로 건물을 지었다. 북은 전차를 38선 인근까지 수송하기 위해 이 화물홈을 설치했다. 한국전쟁을 앞두고 군 시설로 만든 것임을 알 수 있다. 지금은 한적하고 소박한 간이역이지만 당시에는 팽창하는 전쟁의 기운이 지배하던 곳이었다.

연천역 급수탑,
증기기관차의 물 급수장치

그런데 연천역에는 다른 역에서 볼 수 없는 매우 독특한 유적이 보존되어 있다. 연천역 옆에 있는 큰 급수탑이 바로 그것이다. 이 급수탑은 등록문화재로 지정된 근대문화유산이기도 하다. 경원선 열차가 서울에서 연천까지만 운행되다가 원산까지 연장 개통이 되면서 만들진 것이다.

당시 급수탑은 중간 기착지인 연천역에서 원산역까지 가기 위해 증기기관차에 물을 공급하던 시설이었다. 지금이야 디젤엔진을 사용하거나 자기부상열차를 타고 다니는 시대가 되었지만, 증기기관차는 20세기 초반까지도 세계 곳곳에서 위용을 자랑하고 있었다.

희뿌연 연기를 뿜어내는 증기기관차는 19세기 자본주의와 제국주의를 대표하는 상징적인 인공물이다. 1830년 세계 최초의 장거리 철도가 리버풀-멘체스터 사이에 놓인 이후로 철도는 전 세계 곳곳에 경쟁적으로 부설되었으며, 제국주의가 식민지를 침탈하는 데 주요한 수단이었다. 조선의 철도 부설권을 두고 제국 열강들이 치열한 외교전을 벌인 것도 이 때문이다. 조선뿐 아니라 다른 식민지 곳곳에서도 역시 철도나 전신망에 대한 공격이나 파괴 활동이 자주 일어났다.

연천읍 부곡리와 고문리는 식민지 시기에 발전한 마을이다. 광산채굴이 이루어졌기 때문이다. 일제강점기에 이르러 광산을 중심으로 한 마을이 새로 발전했다는 것은, 일제의 약탈이 이루어졌다는 것을 방증하기도 한다. 부곡리와 고문리에서 채굴된 광물은 연천역으로 옮겨져 경성과 원산으로 보내졌을 것이다.

증기기관차의 수명이 길었던 만큼 연천역의 급수탑도 1967년까지 사용되었

연천역 급수탑(원통형)

다. 급수탑 가까이에 서면 그 크기를 실감할 수 있는데, 한국전쟁 당시 발사된 총탄과 포탄의 흔적도 확인할 수 있다. 이 거대한 구조물도 사람들과 함께 전쟁이라는 고난을 같이 겪었다. 비록 지금은 급수탑의 역할을 하고 있지 않지만, 여전히 역전 한쪽 작은 산책길 옆에 서 있는 이 탑은 경원선이 가지고 있는 식민과 분단의 역사, 그리고 한국전쟁이라는 한반도의 비극을 온몸으로 보여주고 있다.

신탄리역,
구 철도중단점

연천역에서 다시 경원선을 따라 북쪽으로 가다 보면 연천읍 통현리 부근에서 갈라졌던 3번 국도를 다시 만나게 된다. 연천역에서 신탄리역까지 달리는 철길 너머 동쪽에는 해발 877.2m의 보개산이 있다. 보개산은 임진왜란 당시 의병들의 주요 근거지였던 곳이다. 동쪽으로는 보개산에서 이어지는 산악지대가 있고, 남북으로는 임진강과 한탄강이 흐르는 연천에 중앙부를 관통하는 3번 국도와 경원

신탄리역

신탄리역 철도중단점 안내판

철도가 신설됨으로써 이곳은 군사적으로 매우 중요한 위치가 되었다. 이런 지리적 특성으로 임진왜란 당시 의병들의 무대가 될 수 있었다.

그 길을 따라 신망리, 대광리 두 역을 지나치면 연천의 마지막 역인 신탄리역에 닿게 된다. 신탄리역은 오랫동안 경원선의 종착역이었다. 하지만 2012년 백마고지역이 생기면서 지금은 '구舊, 철도중단점'이 되었다. 신탄리역은 1913년 처음 영업을 시작하던 당시만 하더라도 강원도에 속해 있었다. 하지만 지금은 경기도에 속해 있으며, 2019년까지 동두천에서 출발해서 백마고지로 가던 통근열차열차가 하루 34회씩 정차하는 역이었다. 신탄리역 인근에는 북녘땅을 볼 수 있는 고대산이 있고, 철원으로 가는 안보 관광버스도 있다.

고대산 역고드름,
전쟁이 만든 얼음동굴

신탄리역에서 자동차로 10여 분 정도 철원 쪽으로 가다 보면 3월까지도 역고드름이 맺히는 곳이 있다. 역고드름이 자라는 장소는 본래 일제가 용산–원산을 잇는 터널을 만들기 위해 공사를 하던 곳이었는데, 일제는 공사를 마치기 전 패망하고 말았다. 38도선 이북에 속하던 곳이기에 이곳은 북이 지배하고 있었다. 북은 이 터널을 탄약

터널안에 맺힌 역고드름

역고드름

역고드름이 가득 맺혀 있다.

창고로 사용했다. 이런 이유로 이곳은 한국전쟁 당시 미군의 폭격대상이 되었다. 그때 폭격을 맞아 산이 무너진 곳은 움푹 패었고, 터널 위쪽에도 틈이 생겼다.

폭격으로 동굴 천장에는 균열이 생겼고, 이 틈 사이로 흘러내리던 물줄기가 동굴 내부로 떨어지면서 특이한 현상을 빚어냈다. 물방울들은 영하로 내려간 동굴 내부의 차가운 공기와 만나면서 바닥에서부터 얼음으로 맺혀 위로 자라는 역고드름이 되었다. 일반적인 고드름과 달리 위를 향해 자라는 승빙乘氷 현상은 흔히 볼 수 있는 현상은 아니다. 일본 제국주의의 전쟁과 남과 북의 전쟁, 두 개의 전쟁은 고대산 자락에서 볼 수 없었던 터널 속에 자라는 역고드름이라는 유산을 남겼다.

폐터널 내부의 역고드름은 12월 중순부터 자라 개나리가 꽃망울을 터트리는 3월까지 모습을 드러낸다. 터널 안팎에는 폭격 당시의 탄흔들이 남아 있다. 봄, 얼음이 맺힌 터널 앞에 서면 전쟁의 흔적이 남은 자리에도 물은 흐르고 꽃이 핀다는 당연한 사실이 작은 감상을 던진다. 이곳이 지난날처럼 화약으로 들어차지 않고, 지금처럼 계절마다 다른 꽃을 피우고. 또 겨울이 오면 다시 얼음을 맺는 곳으로 남아 있기를 염원한다.

백마고지역,
신 철도중단점

역고드름을 지나면 곧 철원이다. 철원의 첫 번째 정차역이자 현재 경원선의 최종 정차역은 백마고지역이다. 이곳에는 신탄리역과 구별되는 '신新 철도중단점'이 있다. 백마고지역은 분단 당시만 해도 존재하지 않는 역이었다. 그전에 경원선이 달리던 철길에는 철원역과 월정리역이 있었다. 그러나 현재 철원역은 전쟁 당시 폐허가 되어 터만 남아 있고, 월정리역은 남방한계선 인근에 있어 지금은 역사만 남은 채 문을 닫은 폐역이 되었다. 월정리역에는 마지막까지 운행되었던 기차가 녹슨 채 방치되어 있다. 원래대로 하자면 남쪽 지역에 속해 있는 경원선의 마지막 정차역은 월정리역이라고 할 수 있다.

월정리역에도 '철마는 달리고 싶다' 표지판이 있다. '철마는 달리고 싶다'라는 표지판은 경원선에만 세 곳에 세워져 있다. 신탄리역, 백마고지역, 월정리역. 이곳은 모두 철도 중단점으로서 끊어진 철도이지만, 통일의 염원을 담고 있는 비장

백마고지역

한 곳이기도 하다.

하지만 현재 실질적인 철도중단점은 2012년에 생긴 백마고지역이다. 백마고지라는 지명은 한국전쟁 때 만들어진 지명으로, 한국전쟁 당시 남과 북이 치열한 접전을 벌였기 때문에 붙여진 이름이다. 옛 지명을 딴 이름을 가진 오랜 역들과 달리, 백마고지역은 이름부터 분단의 비극과 아픔을 품고 있다는 점이 많은 생각을 남긴다.

오늘날 분단의 현실에서 서울―원산을 연결했던 경원선은, 백마고지역에서 더는 북쪽으로 나아가지 못하고 다시 서울을 향해 되돌아올 수밖에 없다. 일본의 군수물자 수송과 자원 수탈의 수단으로 개통되었던 경원선은 오늘날 분단으로 인해 단절되어 있으며, 무성한 잡초들 속에서 녹슬어가고 있다.

2000년 남북정상회담 당시 경원선 복원 논의가 진행되었지만, 그때의 약속은 지켜지지 못한 채 다시 세월만 흘러가고 있다. 그러나 지금의 우리가 전쟁의 비극과 분단의 아픔을 자각하고 잠시 운행이 중단된 '평화열차' 경원선에서 통일을 꿈꾼다면, 오래지 않아 철마는 서울과 원산을 달리는 '통일 열차'가 될 것이라고 믿는다.

연천역 급수탑 자세히 보기

연천역은 서울에서 출발한 기차가 당시 동해안 최고 항구도시 원산까지 가는 경원선 철도의 중간 기착지였다. 1911년 개통된 경원선이 연천–원산 구간으로 연장되면서 증기기관차에는 물을 수급하는 급수시설이 필요해지면서 1914년, 연천역에 급수탑이 만들어졌다. 2003년 국가지정 등록문화재 제45호로 지정된 급수탑은 연천 이외에도 강원도 도계역, 추풍령역, 충남 연산역 등에서 만나볼 수 있다.

급수탑 외벽에 새겨진 상처들

상자형 급수탑

1967년 증기기관차 운행 시기까지는 계속 사용되었던 연천의 급수탑은 원통형과 상자형 두 가지가 있다. 두 급수탑 바깥쪽에는 모두 한국전쟁 당시의 총탄 자국이 남아 있어 맨눈으로 확인할 수 있다. 상자형 급수탑은 기단, 몸통, 처마로 구성되어 있다. 원통형 급수탑은 상당히 규모가 큰데, 높이가 23m에 달한다. 급수탑은 위로 올라갈수록 좁아지다가 머리 부분에서 다시 넓어지는 형태를 하고 있다. 원통형 급수탑 출입구 반대편 안쪽에는 계기 조작판이 아직 남아 있고, 세 개의 급수관과 기계장치도 함께 보존되어 있다.

07

청정의 물, 생명의 땅

임진강
평화습지원

은대리 물거미 서식지 – 임진강평화습지원 – 군남홍수
조절지 – 군남홍수조절지 두루미테마파크 – 어도생태원

은대리 물거미 서식지, 물에 사는 거미
임진강평화습지원, 분단선 위의 인공습지원
군남홍수조절지-두루미테마파크-어도생태원, 인간-
새-물고기가 함께 사는 물줄기 임진강

_____ 365일 24시간, 1분 1초도 쉬지 않고 총을 들고 있는 곳이 있다. 그리고 그와 같은 극한의 대립이 70여 년 넘게 지속되면서 역설적인 '자연보호'의 공간이 만들어졌다. 1995년부터 2000년까지 임업연구원에서는 민간인 출입이 통제된 비무장지대 일대의 생태계를 조사한 결과, 1,864종의 식물과 51종의 동물이 서식하고 있는 것으로 확인했다. 특히 식물의 경우, 우리나라에서 자라는 식물의 약 40%에 해당하는 종류가 살고 있었는데, 이것은 그만큼 DMZ 일대가 뛰어난 생물 다양성을 지닌 곳임을 역설한다.

_____ 이러한 생물 다양성은 무장한 군인들만이 출입하며 근무하는 비무장지대뿐만 아니라, 거기에 맞닿은 DMZ 접경지역에서도 확인된다. DMZ 접경지역에는 현대문명에 의해 파괴되어 사라져 가는 희귀생명체들이 살아갈 수 있는 터전이 마련되었다.

은대리 물거미 서식지,
물에 사는 거미

연천에는 한반도에서도 딱 이곳에만 존재하는 희귀종이 서식하고 있다. 천연기념물 제412호로 등록된 물거미가 바로 그 주인공이다. 한탄강의 지류에 해당하는 차탄천은 3번 국도와 나란히 그 길이 나 있다. 차탄천이 한탄강으로 합류하는 지점은 전곡읍 은대리에 해당하는데, 바로 이곳이 물거미들이 특별한 '라이프스타일'을 고수하며 살아가고 있는 터전이다.

연천 전곡읍 은대리에 서식하는 물거미는 말 그대로 '물속에서 살아가는' 거미로, 온 지구를 통틀어 오직 '1속 1종'만 존재한다. 다른 물거미 종은 주로 북반구 유럽에 분포하는데, 아시아권역에는 시베리아, 중앙아시아, 중국, 일본, 한국 등지에서 산다. 한때 물거미는 국내에서 멸종된 것으로 알려졌었다. 그러다 1995년 은대리 일대 군 주둔 지역에 이들이 서식하고 있는 것이 확인되면서 관련 지역은 천연기념물 보호구역으로 지정되었다.

물거미 서식지(ⓒ 연천군청)

물거미 서식지

물거미 서식지 안내판

    지금도 은대리 물거미 서식지를 찾아가면 좁은 길가를 마주하고 훈련을 진행 중인 군인들을 보기도 한다. 다소 휑해 보이는 벌판에 보호 서식지이니 출입이나 영농활동을 금지한다는 안내문과 함께 울타리가 쳐져 있는데, 언뜻 봐서는 희귀종이 사는 곳처럼 느껴지지 않는다. 하지만 물거미 서식지로 지정 보호되고 있는 은대리 습지에는 물벼룩과 같은 곤충이나 마디풀, 실새삼, 통발, 가래, 쇠뜨기말처럼 생소한 이름을 가진 식물과 갈대 등이 서식한다. 물고기들도 꽤 살고 있는데 쌀미꾸리, 붕어, 왜몰개, 미꾸리 등도 눈에 띈다. 이곳에서는 2007년, 2009년, 201년에 걸쳐 101종의 민물 무척추동물이 서식하는 것으로 보고되었다. 민물 무척추동물은 하천이나 호수, 습지 등의 밑바닥에서 생활하는데, 이들은 민물 생태계의 생물 다양성 자원으로 매우 중요한 존재들이다.

    은대리는 상대적으로 지반이 낮아서 물이 잘 고이는 지형으로, 늪지가 조성되기에 좋은 조건을 갖추고 있다. 은대리에 서식하는 물거미들의 수명은 대략 1년 정도로 30~150cm 정도의 수심이 되는 이곳의 맑고 잔잔한 늪지에서 다른 생명체들과 어울려 평생을 보내고 있다. 물거미가 희귀종에 속하고 천연기념물에 등록될 만큼 독특한 존재가 될 수 있었던 것은 그들이 다른 거미들과 다른 매우 독특한 삶의 양식을 지니고 있기 때문이다.

    물거미는 다른 거미들과 달리 물속에서 거의 모든 생애를 보낸다. 특히 은대

물거미(ⓒ 연천군청)

리 물거미의 경우 전 세계의 다른 물거미들과 달리 전 생애를 물속에서만 산다. 이들은 수심이 낮은 물속 수초 사이에 공기집을 만든다. 공기집은 물거미들의 식사 장소일 뿐만 아니라 교미, 산란, 탈피 등 모든 삶이 이루어지는 생활공간이다.

물속에서 살기는 하지만 산소가 없이는 살 수 없으므로 물거미는 산소가 부족해지면 수면으로 올라간다. 그리고 배 부분에 공기 방울을 만들어 부족해진 산소를 보충하고 다시 잠수한다. 물거미의 몸과 다리에는 회백색의 털이 많이 나 있는데, 이들은 이 털을 사용하여 최고 지름 3cm의 은백색을 내는 공기 방울을 배에

물거미(ⓒ 국립생물자원관)　　　　　물거미 서식지와 안내판

붙이고 호흡한다. 물살이 거의 없는 저층 습지의 얕은 물에 사는 이들은 물속 수초 사이로 거미줄을 치고 거기에 걸리는 실지렁이, 옆새우, 장구벌레, 물고기 새끼들, 깔따구 애벌레, 양서류 어린 새끼인 유생幼生 등을 공기집으로 가져가서 먹는다.

또 한 가지 특이한 점은 보통 거미류의 경우 어릴 때는 집단생활을 하고, 성체 成體가 된 이후로는 단독생활을 하는 것이 일반적인 것에 비해, 이 물거미들은 다 자라서도 집단생활을 한다는 것이다. 거미들은 대부분 성체가 되면 서로를 잡아 먹을 만큼 호전적이다. 그렇기에 거미 대부분은 다 크고 나면 각각 독립해서 단독 살림을 꾸린다. 하지만 이 물거미들은 다 큰 다음에도 함께 어우러져 살아가는 집 단생활을 유지한다. 따라서 이들은 다른 거미 종들과 달리 평생을 다른 거미들과 어울려 살아가는 존재들로, 매우 독특한 거미들이라고 할 수 있다.

임진강평화습지원,
분단선 위의 인공습지원

은대리 물거미 서식지를 지나 북서쪽으로 더 올라가면 임진강평화습지원이 있다. 임진강은 북에서 발원하여 남으로 흐르는 대표적인 하천으로, 연천에서 한 탄강과 만나 서쪽으로 흐르다가 다시 파주에서 한강과 합류하여 강화-김포를 지 나 서해로 빠져나간다. 그래서 임진강의 상류 대부분이 북녘에 속하지만, 중류 이 하부터는 남녘에 속하는 분단을 체현하는 강이라고 할 수 있다. 임진강평화습지 원은 바로 이런 분단의 경계 지점에 자리하고 있다.

임진강평화습지원은 북쪽 땅 턱 밑이나 다름없는 연천군 중면 횡산리에 인공 적으로 조성된 습지다. 민통선 내부에 존재하기 때문에 출입 시간이 제한되어 있 었지만 2018년 기준, 오전 10시부터 오후 6시 사이, 삼곶리 초소에서 신분증을

임진강평화습지원

제시하면 출입할 수 있다.

생물 다양성을 보전하는 데는 멸종위기종이나 희귀종을 지키는 것이 매우 중요하다. DMZ가 생태적 측면에서 세계적으로 주목을 받기 시작한 것은 철원평야, 연천 및 한강하구에 세계적인 멸종위기종인 두루미와 재두루미가 월동하기 때문이었다. 이처럼 임진강평화습지원은 자연재해에 대응한 인간의 기술과 생태적 고려가 함께 논의된 후 만들어진 인공 습지로서, 오늘날 우리가 어떻게 자연과의 공존을 만들어가야 하는지를 보여주는 대표적인 사례이기도 하다.

1996년부터 1998년까지 임진강 유역에서 겪은 '물난리'로 많은 사람이 사망

임진강평화습지원 안에는 두루미 모형도 설치돼 있다.

임진강평화습지원에서 볼 수 있는 두루미 모형

하거나 실종하였고, 집터를 잃은 수많은 이재민이 발생했다. 이에 군남면에서는 홍수조절지를 준공하여 홍수피해를 막고자 했다. 그런데 댐이라는 것은 일단 만들어지고 나면 수변 생태계에 커다란 변화를 유발할 수밖에 없으므로 임진강을 터로 살아가는 여러 생명체의 생태계를 고려하지 않을 수 없었다.

특히, 이곳 망제 여울과 횡산리 일원의 율무밭이 10월 중순쯤에 와서 3월 중순까지 있다가 돌아가는 멸종위기 I급의 천연기념물 두루미의 서식지이자 주거지

두루미들이 날아오던 곳

였기에 마땅한 대책이 필요했다. 일단 군남댐이 건설되면 이 지역은 민물에 깊이 잠겨 더는 두루미의 서식 공간이 될 수 없었다. 이에 군남면은 댐으로 사라진 두루미들의 대체 서식지를 마련함과 동시에 DMZ 주변의 천연기념물들도 보호하기 위해서 새로운 습지원을 마련했다.

임진강평화습지원은 어느 계절에나 산책하며 둘러보기 좋도록 꾸려져 있다. 계절에 따라 관찰 가능한 생태가 달라서 더 흥미를 끌기도 한다. 겨울 손님인 두루미를 만나고 싶다면 늦가을에서 초봄 사이에 방문하는 것이 좋고, 민통선 내에서 자라는 식물인 노랑어리연꽃, 꽃창포, 가능장대, 고랭이, 투구꽃 등의 식물들을 관찰하고 싶다면 6월부터 초가을 사이에 방문하는 것이 좋다. 습지원 안에는 두루미 학습장도 있고, 두루미 먹이가 되는 율무재배단지 등 두루미를 위한 공간들도 많이 만들었다. 특히 겨울 철새인 두루미가 올 즈음에 그들을 관찰할 수 있는 데크를 설치하였는데, 두루미가 오지 않은 때에도 데크를 따라 습지원을 걸으

임진강평화습지원에 깃들어 사는 뭍생명들 안내판

면 조용하면서도 푸근한 임진강의 수채화 같은 풍경을 감상하기에 안성맞춤이다.

습지원 내부에는 식물원과 꽃단지 및 생태연못 등도 조성되어 있다. 그 중 생태 연못에는 또 다른 멸종위기종이 살고 있는데, 바로 금개구리이다. 금개구리는 한국에서만 사는 한국 희귀종으로 멸종위기Ⅱ급에 속한다. 금줄개구리라고도 불리는 이 금개구리는 몸길이가 6cm 정도 되는 양서류로, 몸의 동쪽은 밝은 녹색을, 등 옆줄의 융기선은 연한 갈색을 띤 개구리다. 이들은 거미나 곤충, 지렁이 등을 잡아먹고 사는데 평지에서 낮은 구릉의 물웅덩이나 수로, 논밭 등에 서식한다.

금개구리는 국내에서도 서해 일부 섬 지방을 포함한 전국 서남부의 내륙 저지대에 거주하는 것으로 알려져 있다. 현재는 멸종위기종으로 분류될 만큼 사는 곳

금개구리(© 국립생물자원관)

금개구리 안내판

이 점점 없어지고 있다. 이들 개구리는 주로 진펄과 논에 서식하는데 농약 살포 등으로 인한 생태계 파괴 및 먹이 부족으로 인해 개체 수가 급속히 줄어들고 있다. 이런 이유로 임진강평화습지원에서는 농업기술원의 협조하에 생태연못을 조성하고 이곳에 금개구리들을 방사하여 개체를 보존하고자 노력하고 있다.

군남홍수조절지-두루미테마파크-어도생태원,
인간-새-물고기가 함께 사는 물줄기 임진강

평화습지원에서 남쪽으로 내려가다 보면 평화습지원 조성의 배경이 되었던 군남홍수조절지가 나오고 바로 거기에 두루미테마파크와 어도생태원이 있다. 군남홍수조절지의 다른 이름은 군남댐이다. 국내에 건설된 댐들은 홍수조절, 가뭄 대비, 수력발전 등 다양한 용도로 활용할 수 있는 다목적댐으로 건설되었다. 그런데 군남홍수조절지는 그 이름처럼, 홍수피해 방지를 위한 목적으로 건설된 댐으

군남홍수조절지 모습

군남홍수조절지

로서, 휴전선으로부터 6km 떨어져 있으며 댐의 담수 지역 중 많은 부분이 북쪽 땅에 속해 있다.

두루미테마파크는 군남홍수조절지 안에 있는 테마파크로, 이 주변 볼거리들의 입구 역할을 하는 곳이다. 두루미는 전 세계에 2,900마리만 서식하여, 세계적으로 보호하고 있는 보호새다. 이들의 번식지는 습기가 많은 냉온 지대인데, 한반도 남쪽에서는 연천 임진강 유역과 철원평야에서 1,000여 마리가 겨울을 나고 있다. 두루미테마파크에 조성된 두루미 조형물들은 우리에게 학으로 알려진 '단정학'으로, 실제 크기보다 약 1.3배 크다. 우리나라에서 볼 수 있는 두루미는 흰두루미, 재두루미, 개두루미, 검은두루미 등이고, 이 중에서 우리가 학이라고 부르는 두루미는 바로 흰두루미다.

태어난 지 2년 정도 지나면 성체가 되는 두루미는, 다 자라면 키가 140cm 정도에 몸무게가 10kg이나 나가는 대형조류에 속한다. 두루미테마파크 곳곳에는 다양한 종류의 두루미들에 대한 안내가 제공되고 있다. 잔디광장과 준공 조형물로 구성된 두루미테마파크는 임진강과 맞닿아 있어 더욱더 보기에 좋은데, 특히, 전망 데크에서 바라보는 임진강의 풍광은 단연 일품이다. 해질녘의 풍광이 좋아 2014년에는 대한민국 경관 대상에서 우수상을 받은 지역이기도 하다.

두루미테마파크의 임진강 너머 맞은 편에는 어도생태원이 있다. 어도생태원은 군남댐 조성으로 임진강에 살았던 어류들의 생태계가 교란되는 것을 막기 위해 조성한 곳이다. 어도魚道는 어류의 이동통로다. 어도생태원에는 물고기들이 상류로 이동할 수 있도록 주변 조건을 이용하여 만든 자연형 어도를 비롯하여 다양한 방식의 어도들이 조성되어 있다. 그리고 그 주변을 친환경 생태원으로 만들어 놓았다. 따라서 물길을 따라 형성된 생태원에서는 물속을 헤엄쳐 다니는 물고기들을 관찰할 수 있다(다만 이곳은 현재 별도 방문을 할 수 없다).

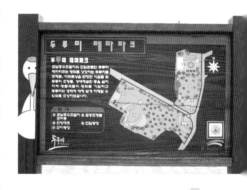

군남홍수조절지 두루미테마파크 안내문

두루미테마파크 모습

임진강은 북쪽 강원도 문천군에 있는 마식령에서 발원하여 남쪽으로 흐르는 강이다. 임진강은 홍수와 범람이 잦은 강인데 그것은 임진강이 한탄강, 역곡천, 포천천, 사미천, 멸공천을 비롯한 많은 지류 하천들이 모여서 흐르는 강이기 때문이다. 비가 많이 오고 모든 지류 하천들의 수량이 불어나면 임진강에는 짧은 시간에 이 물들이 흘러들어 합류하게 된다. 이에 따라 수위가 급격히 상승한 임진강은 쉽게 범람하게 된다.

여러 지류가 합쳐지는 임진강의 유역은 매우 넓다. 군사분계선을 기준으로 남쪽에 속하는 임진강 유역 면적은 전체 강 유역 면적의 37.1%에 해당한다. 강이 넓고 원역이 큰 만큼 서식하고 있는 물고기도 다양하다. 어룡치·메기·열목어·숭어 등 그 종류가 많고, 특히 자라가 많이 서식한다. 개성시 장풍군 석둔리에는 북한 천연기념물 제434호로 지정된 임진강 자라 서식지가 있기도 하다. 군사분계선 이남에 속하는 강 권역에는 한국 고유 어종이나 희귀 어종들이 있다.

임진강에는 총 64종의 어류가 서식하는데, 그 가운데는 줄납자루, 쉬리와 같은 한국 고유 어종, 가는돌고기, 묵납자루 등의 멸종위기종과 황쏘가리(제190호), 어름치(제259호)와 같은 천연기념물들이 살고 있다. 특히, 그중에서도 황복은 독특한 생활방식으로 임진강 특산 어종이라고 할 수 있다. 참복과에 속하는 회귀성 어종인 황복은 바다에서 자라다 알을 낳으러 강으로 올라오기 때문에 바다와 맞닿아 있는 강이 주 서식지라고 할 수 있다. 서해와 만나는 임진강이 황복의 서식지가 된 것은 이 때문이다. 황복은 산란기에만 잡히는 어종인데다가 맛이 좋아서 고급 어종으로 분류되어 있으며 포획량도 많지만, 군남댐 건설과 남획으로 어종이 많이 준 것으로 알려져 있다. 최근 서울특별시는 한강에 서식하는 황복을 멸종위기종으로 지정하여 보호하고 있다.

정치와 군사에는 분단선이 또렷했지만, 생태에는 그렇지 않았다. 2006년부터 남북의 조류전문가들은 세계적인 보호종인 두루미를 지키기 위한 협력 방법을 모색해 왔다. 동유럽 몰락으로 소련의 지원이 끊긴 데다 극심한 식량난을 겪었던 북쪽에서는 비료 사용 등의 농지개발로 땅이 오염되면서 두루미들의 발길이 점차 줄어들기 시작했다. 이에 외국의 민간단체들은 두루미를 보호하기 위한 기금을 모아 국제조류보호협회를 통해서 농업설비들과 함께 기금을 전달했다. 또한, 유기농 교육 사업을 진행함과 동시에 두루미가 먹이를 구할 수 있는 논을 보호구역으로 설정하는 등, 자연보호구역을 조성했다. 서해안에 있는 '문덕 겨울새 살이터(제904호)', 남동쪽의 '근야 겨울새 살이터(제275호)', '안변 두루미 살이터(제421호)'의 두루미 서식지가 두루미와 함께 북의 천연기념물로 지정되었다.

그래서일까 2009년부터 북쪽 안변 지역에는 두루미들이 늘어나고 있다고 한다. 휴전선을 가로질러 흐르는 물길도, 그 물길 속으로 자유롭게 헤엄쳐 다니는 물고기들도, 멀리 시베리아에서 이곳을 찾아오는 기러기들에게도 남과 북이 따로 있지 않다. 이런 점에서 인간의 기술과 문명, 이념 대립으로 인한 남북분단이 파괴한 자연 생태계를 보전하고 그들에게도 마땅히 누려야 할 삶의 터전을 제공하고자 하는 생태주의적 노력은, 인위적으로 갈라놓은 휴전선이라는 대립의 적대성을 넘어 남북을 관통하는 물길을 만들어가는 가장 중요한 실천들인지도 모른다.

두루미 지킴 국제협조, '안변프로젝트'

세계적인 보호종 두루미는 해마다 주기적인 이동 경로를 따라 움직여 같은 번식지로 되돌아가고 별다른 경우가 아닌 이상 같은 월동지를 반복적으로 이용하는 생물이다. 이들은 번식기나 월동 시기 등 대부분의 삶을 다양한 습지에 의존하여 생활한다. 이 때문에 습지 파괴와 훼손에 의한 서식 장소의 상실은 두루미 개체 감소의 핵심 요인이 된다.

1960년부터 안변 지역의 두루미 개체가 점차 감소하였는데, 1984년에 220 마리가 찾던 안변에 1997년부터는 한 마리도 오지 않게 되었다. 안변의 두루미 월동지 복원은 매우 긴급한 문제로 떠올랐다. 현재 한반도 두루미 월동지는 군사분계선에 집중되어 있는데, 조류인플루엔자가 발생하면 집단 폐사의 우려가 크고 지구온난화에 따른 월동지 북상 문제가 걸려 있어 안변의 월동지 복원이 시급한 문제였다. 이에 따라 미국, 캐나다, 중국, 러시아, 일본, 독일, 그리고 남북의 전문가들이 국제두루미재단을 포함한 국제 NGO들과 함께 2008년부터 '안변프로젝트'를 시작했다.

사라져버린 두루미를 다시 돌아오게 하려고 가장 먼저 해야 할 일은 지역 주민들이 두루미와 함께 살아갈 수 있는 조건을 고민하고 마련하는 것이었다. 화학비료에 기댄 농업방식은 두루미와 사람 모두에게서 먹을거리와 삶의 터전을 빼앗아 가고 말았다. 퇴비를 활용한 지력 향상과 식량 공급원의 다양화를 통해 농민들의 삶도 향상하고, 두루미가 먹고 살 수 있는 조건을 마련해 이들이 공생할 수 있는 환경을 만들어야 했다.

외국 단체들을 통해 마련된 기금이 민간단체를 통해 북의 프로젝트 담당자에게 지원되었고, 실질적으로 쌀 수확량 증식에 도움이 될 수 있는 쌀 도정기와 운반용 차량 등이 제공되었다. 또한, 유기농업을 지속해서 가능하게 하기 위한 다양한 교육과 생산 시설 개선 등을 병행했다. 가축을 기르고 질소고정 작물이나 청풍보라처럼 땅을 살릴 수 있는 것들을 심었다. 계단식 언덕에는 과실수를 심어 침식을 줄였고, 버드나무를 심어 나무를 죽이지 않고도 땔감 활용이 가능한 환경을 만들어갔다. 이와 같은 지원에 힘입어 북에서도 두루미 월동지인 비산협동농장에 퇴비 제조 시설을 새로 만들고 관개수로도 건설했다.

두루미를 위해 율무와 기름콩도 재배했다. 논에 물을 가두고, 작은 연못을 만들었다. 거기에 두루미 모형을 설치하고 녹음된 두루미 소리를 틀어주었다. 갖은 노력 끝에 2009년 11월 12~13일, 드디어 흰두루미가 비산협동농장 논밭으로 돌아왔다. 꼬박 20년 만에 38마리의 두루미가 찾아와 3일을 머물고 갔다. 2004년 도쿄에서 안변프로젝트의 협의가 이루어진 후 7년의 노력 끝에 얻은 결과였다. 북은 이와 같은 성과를 눈여겨보고 내각결정 946호를 통해 2010년 안변두루미 보호구를 지정했다. 정치적인 이유로 2013년에 안변프로젝트는 중단되었지만, 비산농장의 농민들은 두루미와 함께 살아가기 위한 노력을 계속 이어가고 있다. 그 덕에 비산농장을 찾는 두루미들의 날갯짓은 멈추지 않았다. 2016년 68마리, 2018년에는 70마리의 두루미가 안변을 찾았다.

08

분단이 만든 네 개의 시선과
기억이 있는 네 개의 전망대

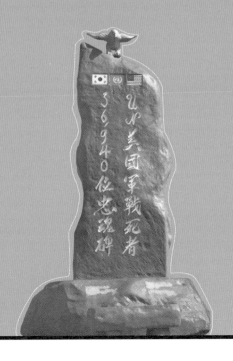

| 열쇠전망대 – 태풍전망대 – 상승OP·제1땅굴 – 1·21 무
장공비 침투로 – 승전전망대

남북적대가 만든 평원림을 볼 수 있는 곳, 열쇠전망대
남북을 넘나드는 임진강을 보다, 태풍전망대
제1땅굴과 연천평야를 본다, 상승OP·제1땅굴
보복의 악순환을 본다, 1·21 무장공비 침투로
남북의 경계를 넘어, 승전전망대

　　　　　　 한반도의 허리에는 전선戰線의 흔적이 깊이 새겨져 있다. 서해에서 동해까지 남과 북을 가르는 경계선은 전쟁의 상흔을 간직한 채 견고하게 서 있다. 긴 세월 겹겹이, 층층이 쌓인 DMZ의 역사는 수많은 이야기와 다양한 생명을 담고 있지만, '전선'에 남겨진 기억들은 아직 '적군'과 '아군'이라는 또렷한 구분법을 통해 적대의 이야기만을 전해주고 있다.

　　　　　　 그렇게 적과 아 사이에는 완충지대가 존재하지 않는다. 비무장지대, 즉 서로를 죽고 죽이는 과정이 반복되는 전쟁을 중단하면서 상대를 향해 날을 세웠던 긴장감을 내려놓고 다시 전투가 벌어지는 상황을 완충하기 위해 설정한 공간. 그러나 이름과 달리 실제로는 남과 북이 서로를 견제하기 위해 화력을 집중시켜둔 '중무장지대'가 되어 온 것이 이를 증명한다. 이처럼, 평화를 부르짖는 전선의 이야기들은, 우리가 만들어야 할 평화가 무엇인지 상상할 여지를 남기지 않는다.

남북적대가 만든 평원림을 볼 수 있는 곳,
열쇠전망대

연천은 1945년 38선이 확정되면서 당시 남면과 적성면, 전곡면, 백학면 일부를 제외하고는 전 지역이 소련 군정의 지배를 받던 곳이다. 이 말은 즉, 연천군의 대부분이 38선 이북에 해당하는 곳인데, 전쟁이 끝난 1953년 이후에 '수복'되었다는 뜻이다. 전쟁이 시작된 이후 많은 지역과 마찬가지로 이곳에서도 여러 차례의 전투들이 치러졌고 때때로 주인이 바뀌었다.

1951년 5월 말경, 한국군과 UN군은 세 번째로 38선을 되찾았다. 오르락내리락하던 남과 북의 대치 전선은 1951년 6월경 38선 부근에 '임진강구–문산–연천–철원–김화–화천–간성'에 이르는 방어선이 구축되면서 고착되었다. 쌍방 간에 치러진 전투들은 소모적인 '고지 쟁탈전'으로, 국지전의 형태를 띠고 반복되었

열쇠전망대 전경(ⓒ 연천군청)

다. 장승천 전투, 천덕산 전투, 티본(T-Born)고지 전투, 노리고지 전투, 사미천 전투 등이 이 시기에 연천에서 치러진 전투들이다.

열쇠전망대는 그중에서도 1951년에 있었던 천덕산 전투, 1952년의 티본고지 전투와 포크찹(Pork-chop)고지 전투가 치러진 신서면 해발 476.7m의 천덕산 일대 인근에 세워진 전망대다. 1998년 4월에 건립된 이 열쇠전망대는 '통일의 열쇠'가 되겠다는 의미에서 이름을 그렇게 붙였다.

전망대는 열쇠부대로 불리는 제5사단이 담당하고 있으며, DMZ 체험실과 한국전쟁 유품관, 내무실 체험관과 DMZ 생태계 전시관, 영상브리핑실과 전망대 시설을 갖추고 있다. 전망대에 올라서면 구릉성 산지 사이사이로 펼쳐진 나무들이 눈에 들어온다. 널따란 평지에 생겨난 숲, 평원림平原林이다. 연천과 철원의 경계 지역인 신서면 일대의 이 평원림은 복개 평야 일부에 속한 곳이다. 전쟁 전, 이 평

열쇠전망대(ⓒ 연천군청)

야는 사람들이 농사를 짓고 살던 땅이었다. 그러나 전쟁은 이 땅의 풍경을 바꿔놓았다.

그리 높지도 않은 이곳의 언덕들에서는 1959년에 제작된 영화 「포크찹힐 (Pork Chop Hill)」의 배경이 될 만큼이나 치열하고 격렬한 전투들이 있었다. 갈빗살이 붙은 돼지 갈비뼈를 닮았다고 해서 이름 붙여진 포크찹고지의 전투는 1952년 미군, 태국군, 콜롬비아군과 중국군 사이에서 10일 동안 벌어졌던 전투다. 정전협정으로 지난한 고지전이 마무리된 후에도 이곳에는 산불이 수없이 발생했다. 남과 북이 시야 확보와 경계근무 등을 목적으로 화공작전火功作戰을 계속해서 벌였기 때문이다. 그러다 2001년 남북 군사실무회담에서 DMZ 생태계 보전을 위해 화공작전을 중단하기로 하면서 인공적인 산불이 줄어들게 되었다.

전쟁과 전쟁 후의 군사작전이 계속 이어지면서 이곳에는 다른 곳에서는 보기 드문 풍광이 만들어졌다. 이 지역에 있던 얕은 산등성이 사이로 펼쳐진 너른 골들에 나무들이 드문드문 자라나기 시작하면서 평원림이 조성된 것이다. 열쇠전망대에서 볼 수 있는 이 '평원림'은 전후 남북의 군사적 대치 속에서 형성된 인위적 자연림이라는 점에서 매우 역설적이다.

남북을 넘나드는 임진강을 보다,
태풍전망대

1953년에 체결된 정전협정에 따라 군사분계선(Military Demarcation Line; MDL, 일명 휴전선)을 기점으로 군사적 충돌을 피하기 위한 남북으로 각각 2km의 완충지대가 설정되었다. 이 공간을 가리켜 바로 DMZ(Korean Demilitarized Zone)라고 부른다. 그런데 1960년대 후반부터 남북 경쟁이 격화되고 군사 대립과 충돌이 발생하면서, 남과 북은 군사분계선에 더 가까운 자리로 서로의 경계초소를 옮기기 시작했다. 이에 따라 전망대도 조금씩 북쪽으로 더 올라갔다.

열쇠전망대가 위치한 신서면의 서쪽에 맞붙어 있는 중면에는 또 하나의 전망대가 있다. 서울에서 약 65km, 평양에서 약 140km 떨어진 곳에 자리를 잡은 '태풍전망대'다. 태풍전망대는 군사분계선과 800m 거리를 두고 있다. 휴전선상에 존재하는 다른 전망대 가운데에서도 북측과 가장 가까운 곳에 있는 전망대다.

한반도 분단의 상징처럼 인식되는 철책선鐵柵線은 정전협정이 맺어진 해에 바로 세워진 것이 아니다. 1953년부터 1960년대 중반까지 남방한계선에 놓인 울타리는 지금 우리가 미디어를 통해 본 철책선과는 완전히 다른 형태의 것이었다. 1964년에 들어서 목책木柵이 남방한계선에 도입되었다.

목책이 설치되면서 DMZ에는 본격적으로 남북을 가르며 경계하는 울타리 형태의 '선線'이 만들어졌다. 그리고 이후 1960년대 중후반부터 냉전 국면이 격화되

태풍전망대에서 본 임진강

태풍전망대

고 남북의 적대적 대립이 가시화되면서 나무로 만들어진 울타리가 쇠로 만든 울타리 곧 철책으로 바뀌기 시작했다.

평지와 산을 오르내리며 서부전선에서 동부전선 끝까지 진행된 철책 공사는 철주와 철망, 가시철조망 등 철책선에 설치될 물자들을 DMZ 지역으로 옮기는 것부터 시작되었다. 당시 주한미군이 보유하고 있던 철책 장비와, 오키나와에 주둔하고 있던 주일미군이 태평양 전쟁기에 미처 다 사용하지 못하고 남겼던 군수물자 등을 이곳 철책 공사에 사용했다. 일부 구간은 헬기로 운반하기도 했지만, 대부분은 군 작전로를 통해 트럭으로 실어 날랐다.

그렇게 1967년부터 본격적으로 설치되기 시작한 철책선은 1980년대까지 이어져 지금의 2중 철책의 형태를 갖추었다. 하지만 땅 위에 세워진 철책선은 자연

—
유엔군희생자추모비

이 만들어 놓은 강의 물줄기까지 갈라놓지는 못했다. 태풍전망대의 조망은 비무장지대 전 지역에서도 손꼽힐 정도로 수려하다. 전망대가 서 있는 '비끼산橫山' 정상 수리봉에서는 군사분계선을 지나는 임진강과, 강줄기 너머로 빚어지는 일몰의 장관이 매혹적이다. 태풍전망대는 바로 그 매혹적인 풍경을 한눈에 감상할 수 있는 곳이다.

임진강은 그 본류도 남과 북을 관통하며 흐르지만, 북에서 남으로 여러 차례를 오가며 흐르는 '역곡천逆曲川'이 합류하는 강이기도 하다. 흐르는 강물을 타고 많은 생명이 남과 북을 오 가고 있다. 남과 북에서 살아가는 사람들만 오고 가지 못하는 이곳에서 그나마 인간이 채 끊어놓지 못한 물길을 감상할 수 있는 곳이 바로 이곳이다.

적대적 대립을 내려놓고 평화로 가는 길목에 들어선 남북은 이곳 전망대의 풍광도 조금씩 바꾸어 놓고 있다. 지난 2018년 7월 27일, 정전협정 65주년을 맞이하여 태풍전망대에서는 '평화와 화합, 이념을 넘어서'라는 주제로 '통일염원콘서트'가 열렸다. '2018 연천 DMZ국제음악제'의 한 프로그램으로 진행된 이 콘서트는 북측과 가장 가까운 곳에 있는 전망대에서 평화와 통일을 염원하는 음악공연을 진행했다는 데 의의가 있다.

제1땅굴과 연천평야를 본다,
상승OP·제1땅굴

북쪽에서 흘러 내려오던 임진강은 중면과 왕징면의 경계를 타고 흐르며 남서쪽으로 방향을 튼다. 방향을 틀어 서쪽으로 길을 잡을 때쯤 임진강의 물길은 전곡리에 있는 선사유적지를 휘감아 돌아 흘러오는 한탄강과 만나 하나가 된다. 임진강과 한탄강이 만나 물길이 넓어질 즈음이면 동에서 서쪽으로 이어지는 휴전선 인근의 풍경도 조금씩 달라지기 시작한다.

15km 길이의 휴전선과 임진강을 접하는 백학면은 전형적인 농촌 마을인데, 군사분계선에 인접해 있어서 면 전체 가구의 4분의 1 정도의 사람들은 민통선으로 출퇴근하며 영농생활을 이어가고 있다. 그런데 이곳에는 또 하나의 전망대, 일반인들이 방문하여 북녘을 조망할 수 있는 곳이 있다. '상승OP'다. 그런데 왜 이

상승전망대

상승전망대 앞 기념비 문구가 인상적이다.

곳은 열쇠전망대나 태풍전망대와 달리 OP라고 불리고 있는 것일까?

　　DMZ 접경지역을 방문하면 GP, GOP, OP와 같은 용어들을 자주 듣게 된다. 영어 스펠링만 보면 엇비슷하다고 느낄 수 있지만, GOP와 GP는 다른 역할을 맡고 있다. GOP는 'General Out-Post'로 DMZ의 남방한계선을 따라 24시간 경계근무를 하기 위해 설치된 일반 전진초소를 말한다. GP는 'Guard Post'의 약자로 군사분계선과 남방한계선 사이의 비무장지대에 설치된 경계초소를 가리킨다. DMZ 접경지역에서도 가장 삼엄한 경계 태세를 유지해야 하는 곳이 바로 GP이다.

　　OP는 'Observation Post'를 지칭하는데 일반전초, 즉 GOP의 높은 지역에 설치되어 북측 지역을 조망하는 관측시설을 이른다. 상승OP처럼 일반인들이 신고 후 방문할 수 있는 곳도 있지만, 대부분은 24시간 운용하는 시설로 GOP의 모든 상황을 관찰하는 곳이어서 민간인은 출입할 수 없다.

　　상승OP를 방문하면 제1땅굴에 대한 안내를 함께 받는다. 하지만 제1땅굴은 다른 곳과 달리 실제 관람이 불가능하다. 비무장지대 내부에 있기 때문인데, 상승OP에서는 모형전시를 통해 제1땅굴에 대해 안내를 하고 있다. 제1땅굴은 1974년 남북이 7·4 남북공동성명을 발표하고 얼마 지나지 않은 1974년 11월에 육군

수색조에 의해 발견되었다.

그런데 상승OP에서 볼 수 있는 것은 제1땅굴이 있었던 위치 표식만이 아니다. 철책선 너머, 북쪽과의 그 경계 사이에 있는 드넓은 '연천평야'다. 강원도에 철원평야가 있다면, 경기 북부에는 연천평야가 있었다. 전쟁 전, 파주와 연천, 개성 사람들까지도 먹여 살렸다고 전해지는 연천평야는 철책선 사이에 끼어 버려진 채로 남아 있다.

제1땅굴 입구

제1땅굴 안내판

보복의 악순환을 본다,
1·21 무장공비 침투로

연천평야는 파주와 맞닿은 장남면까지 계속 이어진다. 농경지였던 그 땅을 농사꾼들은 감히 밟아볼 생각조차 할 수 없었다. 사람의 발길이 닿지 않는 곳에서 땅은 인간이 아닌 다른 뭇 생명을 품고 그들에게 삶의 터전을 제공했다.

무장공비 침투로 안내판

장남면 고랑포리, 연천군의 서쪽 끝자락인 이곳에는 승전OP와 함께 '1·21 침투로'가 있다. 1·21 침투로에는 1968년 1월, 얼어붙은 임진강을 건너 내려온 '무장공비武裝共匪'의 모형이 전시되어 있다. 흔히 '김신조金新朝'라는 이름으로 기억되는 이 사건으로 인해, 대한민국에서는 주민등록번호제도와 예비군제도가 만들어졌다.

당시 북측 민족보위성 정찰국 소속의 공작원이었던 김신조 외 30명은 1968년 1월 21일에 청와대를 폭파하고 주요 요인을 암살한다는 목표를 가지고 남하했다. 청와대 뒤편인 북악산 자하문 초소까지 온 이들은 경찰의 검문을 받던 중 발각되어 교전을 시작했다. 이 과정에서 침투한 29명이 사망하고 1명은 도주했다. 김신조만 체포되었다. 또한, 진압 작전에 투입

방문객들이 남긴 염원들

1·21 무장봉기 침투로 모형

되었던 군·경 2인과 민간인 5명이 사망했다.

그로부터 3년 후인 1971년 8월 23일, 서울 시내에서 또 한 번의 교전이 벌어졌다. 1·21 사건 이후 김일성 암살을 목적으로 만들어진 '북파공작원'들이 청와대로 향하다 대방동 유한양행 앞에서 군경에 의해 저지된 것이다. '북파공작'을 위해 만들어진 공군 684부대, 일명 실미도 공작원들은 1·21 사건에 대한 보복으로 만들어진 김일성 암살 특수작전의 부대원들이었다. 하지만 남북적십자회담 등의 남북 긴장 완화 국면에서 이들은 철저하게 감추어진 존재들로 버려졌고, 실미도 공작원들은 이에 분노하여 서울로 진입한 후 군·경과 교전을 벌이다가 숨졌다. 보복이 보복을 낳은 전쟁의 악순환이 빚어낸 참극이었다.

남북의 경계를 넘어,
승전전망대

승전전망대로도 불리는 승전OP에는 1968년에 DMZ를 수색 정찰하다 사망한

미군 오메리(Omalley) 상병의 추모비가 세워져 있다. 이 땅에는 기억되지 못하는 죽음들이, 채 기록되지 못한 죽음들이 쌓여있다.

전쟁이 끝난 1953년 7월 27일 이후, 민간인 지뢰 피해자가 가장 많이 발생한 곳은 연천과 철원이다. 다른 지역에 비해 연천과 철원의 비무장지대가 농경지와 맞닿아 있기 때문이다. 지금도 이 지역의 많은 사람은 영농출입증을 끊고 민통선으로 농사일을 하기 위해 출퇴근을 반복하고 있다.

승전OP의 솟대들

승전전망대

그래서일까. 승전OP의 전망대로 올라가는 길에 있는 장대들이 눈길을 사로잡는다. 솟대들이다. 솟대는 민속신앙에서 풍년을 기원하기 위해 세우거나 마을의 수호신을 상징하기 위해 세운 긴 나무 장대를 가리킨다. 장대 끝에는 나무로 만든 새 조각이 있는데, 이 새는 삶과 죽음의 경계를 넘나드는 존재라고 할 수 있다.

비무장지대 안에는 전망대에서는 미처 다 보이지 않는 넓은 습지와 평원이 자리를 잡고 있다. 지구상 어디에서도 찾아보기 어려운 분단이 만들어 낸 땅, 농지의 흔적이 곳곳에 남아 있는 습지와 평원이다. 비무장지대를 제외하면 철책선 이남 지역에는 습지가 별로 남아 있지 않다. 그만한 토양 조건을 갖춘 곳들은 경작지가 되었기 때문이다.

습지는 물과 초지 사이에 경계가 따로 없는데 비가 많이 오면 초지에 물이 찼다가 비가 그치면 물이 빠지는 지형이다. 상승OP부터 승전OP 사이에는 사미천

—
승전전망대에서 바라보이는 낯선 땅

평원과 판부동 습지가 있다. 원래 사미천은 연천평야에서 농사를 짓고 살아가던 사람들에게 물을 제공했다. 하지만 비무장지대가 되면서 사미천은 이곳을 습지로, 또 평원으로 만들었다. 그리고 이곳은 각종 습지 식물들과 텃새, 그리고 어류, 양서류, 파충류, 곤충들은 물론이거니와 겨울 철새와 삵, 고라니 같은 야생동물들의 터전이 되었다.

어떤 식물 군락이 환경의 변화에 따라 새로운 식물 군락으로 변화해 가는 과정을 '천이遷移'라고 한다. 불이 나거나 홍수로 황폐해진 맨땅은 세월 속에서 그 자신을 치유하고 어느샌가 각종 생명을 보듬는다. 한순간도 쉬지 않고 지속되는 자연의 회복력 때문이다. 공기, 토양, 물, 햇빛이 초식동물에게, 초식동물이 육식

동물에게 서로의 유기물을 전달하고 다시 죽어 땅으로 돌아간다. 그렇게 생명 에너지는 자연을 순환한다.

하지만 인간의 활동은 그런 순환을 인위적으로 파괴했다. 전망대에서 가장 먼저 눈에 들어오는 것은 길고 긴 철책선이다. 철책선은 인간과 동물의 왕래를 남북으로 가로막았다. 하지만 자연은 그 경계를 넘는다. 산과 산으로 이어진 산맥과 거기에서 발원하여 흐르는 물줄기는 분단의 경계를 가로질러 흐른다. 이런 자연의 순환은 남북 분단이 남긴 파괴의 현장에 치유의 힘을 주고 새로운 생명의 순환계를 다시 열어준다.

남북 적대적 대결의 뒤틀린 비극, 실미도

1960년대 후반에서부터 1970년대 초반까지는 남북의 군사적 긴장이 매우 높았던 시기다. 1·21 침투도, 실미도 사건이라 불리는 일들도 이런 남북 긴장에서 빚어진 비극이다. 실미도라는 섬으로 보내져 혹독한 훈련을 받던 북파 공작 특수부대원들은 1972년 남북의 긴장이 완화되고 7·4 남북공동성명으로 이어지는 국면에서 잊힌 존재가 되었다.

이들은 원래의 임무였던 '김일성 암살'이 대신 자신들에게 임무를 지웠던 국가와 군당국에 항의하기 위하여 서울로 진입했다. 국가의 '숭고한' 임무를 짊어졌던 이들은 공군 소속이었지만 실제로는 중앙정보부에서 관리하는 부대였다. 부대를 담당했던 중앙정보부장 김형욱이 사망을 한 후 이들에 대한 관리는 나날이 부실해져갔다. 이에 따라 처우 문제가 계속 불만으로 쌓여갔다. 거기다 70년대 데탕트 분위기가 조성되고 미국측에서 평화 무드 조성을 요청하는 등 남북의 날카로운 대립국면은 점차 완화되는 국면으로 흘러가고 있었기에, 고된 훈련을 버텨내는 이들의 인내심을 자극하게 되었던 것이다.

당시 체포돼 1972년 3월 사형당했던 임성빈은 재판에서 이렇게 말했다. "서울 중앙청에 가서 국무총리를 만나 4년간 고생한 내용과 국가에 배신당한 사실을 직접 호소하고, 여의치 않을 경우 전원 자폭할 결심을 했다." 이들은 영등포 일대에서 자신들을 막기 위해 출동한 군경과 총격전을 벌이다 대부분 사살당했다. 살아남은 이들 중 4명은 체포되어 이후 형장의 이슬로 사라졌다.

서울 한복판에서 벌어진 총격전을 둘러싼 사건의 진실은 철저히 감추어져 있었다. 하지만 이후 1999년 백동호의 소설 『실미도』가 발표되고, 2003년에는 이 사건을 모티브로 한 영화까지 개봉되면서 사건의 전말이 대중에게 알려지게 되었다. 2004년 2월, 대한민국 국방부는 충청북도 옥천군 옥천읍에서 1968년 3월, 일시에 행방불명된 7명의 청년이 공군 684부대원이라는 사실을 확인해주었다.

09

같은 학문 다른 선택, 연천에 잠들어 있는 고려와 조선의 학자들

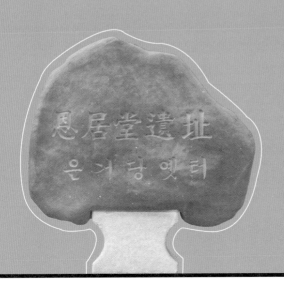

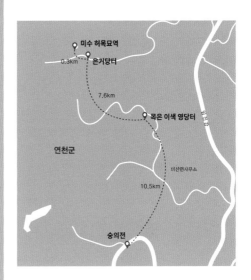

격변의 갈림길에서 스승은 울었다, 목은 이색 영당터
조선이 세운 고려 충신들의 사당, 숭의전
'붓은 칼보다 강하다'는 말의 진짜 의미, 허목묘역과
은거당터

_____ 1392년 7월, 마침내 이성계는 고려의 마지막 왕 공양왕으로부터 왕위를 넘겨받았다. 『태조실록』에 다르면 그의 곁에는 고려의 문무백관이었던 조선의 개국 공신들, 배극렴, 조준, 정도전, 이지란, 남은 등이 늘어서 경하를 올렸다. 여말선초의 치열한 정치적 암투 속에서 이성계의 승리를 일구어냈던 이들 중 다수는 '신진 사대부'로 불렸던 성리학자들이었다. 이들은 과연 누구였으며, 성리학은 무엇이었던가?

_____ 성리학의 다른 이름은 '신유학新儒學'이다. 흔히 공맹 유학이라고 불렸던 춘추전국시대의 유학과 구분하는 의미이며, 유학을 새롭게 발전시켰다는 뜻이다. 이 성리학자들은 맹자의 성선설에 이기론의 형이상학적 설명을 덧붙여, 인간의 본성과 마음으로부터 우주의 생성과 운행의 원리까지를 한 덩어리로 설명하려는, 거대하고 완벽한—적어도 그 자신들에게는—논리 체계를 만들어 냈다

_____ 간단히 말하자면 이 세계의 모든 것들이 그렇게 생긴 까닭, 그러므로 당연히 그렇게 해야 하는 까닭 같다. 이치가 그런 것이다. 예를 들어 메뚜기는 뒷다리가 통통하고 길쭉한데, 풀잎 위를 폴짝폴짝 뛰어다니기 위한 것이고, 나비는 날개가 널찍한데, 꽃잎 위를 팔랑팔랑 날아다니기 위한 것이다. 모든 존재 이유는 소급해 올라가면 하나의 이치에 이른다. 이 하나의 이치가 기와 결합하여 만들어진 것이 바로 이 세계이고, 인간도 그러하다.

_____ 그러므로 모든 인간은 이 세계의 근본 원리로 말미암아 이 세상에 존재한다. 다시 말해 우리 한 명 한 명에게는 이 세계의 근본 원리가 내재하여 있다. 우리의 본성으로서 말이다(그래서 그 이름이 '성리학性理學', 즉 본성性이 곧 이치理라고 주장하는 학문이다). 그런데 그 이치가 악惡하다는 것은 말도 안 된다. 맹자가 주장하였던 성선설性善說은 그렇게 천 년의 시간이 지나 형이상학적으로 논증되었다.

_____ 그러므로 모든 인간은 본래 선하다. 본성이 선하다는 점에서, 모든 사람은 평등하다. 그런데 고려는 그렇지 않았다. 왕실과 귀족들은 온갖 이유를 대가며 민중을 멸시하고 쥐어짰다. 요샛말로 '양극화'라는 것이 그야말로 극심하던 시절이었다.
이건 아니다. 민중의 삶이 이래서는 안 된다. 이런 극심한 양극화는 작게는 개개인의 삶을 태워 없애버리고, 크게는 나라를 망하게 할 것이다. 여말선초의 성리학자들이 공유하였던 생각이다. 성리학자들의 사유는 같았지만, 현실적 해법에 도달하는 과정과 방법은 서로 달랐다.

격변의 갈림길에서 스승은 울었다,
목은 이색 영당터

널리 알려진 것처럼, 고려의 마지막을 지켰던 충의의 대명사 포은圃隱 정몽주鄭夢周(1338~1392)는 이성계와 함께 역성혁명을 일으켰던 정도전鄭道傳(1342~1398)과 동문수학한 친구였다. 정몽주와 정도전의 나이 차는 다섯 살이었지만, 둘은 동문同門이자 같은 뜻을 품은 동지同志로, 한때 고려의 앞날을 같이 고민하던 사이였다. 하지만 정치적 이상理想이 달랐던 두 사람은 결국 고려의 흥망을 두고 정적政敵이 될 수밖에 없었다.

이방원이 정몽주를 죽이려 들었을 때, 정도전이 누차 그를 말렸던 것은 비단 정치적 손익계산 때문만은 아니었을 것이다. 그러나 이방원은 결국 정몽주를 죽였다. 이방원이 정도전을 죽이려 했을 때, 그를 말릴 사람은 없었다. 정도전 역시 훗날 이방원에게 죽었다. 한때는 동지였지만 결국은 정적이 된 두 사람이 같은 사

목은 이색 영당

람에게 급살을 당한 것도 역사의 아이러니다.

두 사람을 가르쳤던 사람은 당대의 대학자였던 목은牧隱 이색李穡(1328~1396)이다. 정몽주의 호인 '포은圃隱'도 스승의 호를 따른 것이다. 목은 이색은 고려 말, 성리학의 발전에 매우 큰 역할을 했다. 학자들에 따르면, '목은 이색 영당'이 연천에 세워진 데는 두 가지 배경이 작용한다. 하나는 목은이 고려 창왕을 옹립하여 왕위에 오르게 한 연유로 1389년 이성계 일파가 세력을 얻은 뒤에 연천 장단長湍에 유배되었다는 사실, 다른 하나는 목은의 5대손 이명은李命垠이 이곳 연천 노동리 일대에 정착하여 한산이씨韓山李氏의 집성촌集姓村을 이루었다는 것. 영당의 건립은 이명은의 6대손 이극번 등의 발의로 이루어진 것으로 전해진다.

사실, 성리학이 이 땅에 처음 전해진 것은 이색으로부터 그리 멀지 않았던 때였다. 안향安珦(1243~1306)이 공자와 주자의 화상畵像을 그리고, 주자서朱子書를 손수 베껴서 돌아온 것은 서기 1290년 경이었다. 이후, 안향의 문하에서 공부하던 백이정白頤正(1247~1323)은 1298년부터 10여 년간 원나라에 머물면서 성리학

삼척죽서로 현액시

서적들을 수집해 이것을 모두 가지고 1308년에 돌아왔으며, 그와 동문수학을 했던 권부權溥(1262~1346)는 『사서집주四書集註』의 간행을 건의하고 추진함으로써 성리학에 관한 연구를 본격화했다. 이렇게 막 전파된 주자학朱子學은 당시로서는 말 그대로 '새로운 유학新儒學'이었다.

성리학은 문장을 중시하던 한나라와 당나라 시대의 학풍에서 벗어나, 원시 유가 경전에 대한 형이상학적 해석을 바탕으로 한 엄격한 도덕적 실천을 강조하면서 만들어진 학문이었다. 송대 신유학자들에게 한·당 시대의 학풍이란 옛 경전의 구절을 끌어다 문장을 아름답게 만드는 것에 지나지 않았다. 그래서 그들은 한·당 시대의 학문은 현실을 변화시킬 수 없

목은 이색의 초상(ⓒ 문화재청)

는, 무용한 학문이라고 생각했다. 이런 인식은 고려 말, 조선 초의 신진 사대부들도 그대로 공유하고 있었다.

당시 고려 사회에 팽배한 것은 문학적 글짓기를 중심으로 한 '사장학詞章學'이었다. 그러나 시나 글을 짓는 사장학에서 중요한 것은 경전에 담겨 있는 의미를 파악하고 이에 대한 철학적인 사유를 전개하는 것이 아니라 경전의 구절들을 더 많이 외어서 시나 글을 짓는 데 사용할 수 있는 능력이었다. 따라서 이들이 지향하는 학문의 풍토는 현실에 대한 진지한 성찰이 아닌 화려하게 꾸미는 아름다운 문장들을 만들어 내는 것이었다. 고려의 신진 사대부들은 그러한 구태로부터 탈출하려는 열망에 가득 차 있었다. 아무리 훌륭한 가르침일지라도 그 글귀에 갇히면 현실에서 멀어지고, 현실에서 멀어진 사상은 버림을 받게 되는 것은 자명했다.

이런 새로운 학문적 염원의 중심에 이색이 있었다. 그의 호 목은牧隱의 '牧' 자는 '기를 목牧'의 의미인데, 이게 무색하지 않을 정도로 그는 많은 제자를 길러냈다. 정몽주와 정도전뿐만 아니라 고려와 조선의 교체기에 활약하였던 사대부들은 대부분 그의 제자들이었다. 목은과 포은과 함께, 고려의 패망과 더불어 초야에 은둔해서 '삼은三隱'이라고 불리는 선비인 야은冶隱 길재吉再(1353~1419), 그리고 도은陶隱 이숭인李崇仁(1347~1392) 등도 그의 제자였다. 또한, 정도전의 개혁정치에 뜻을 같이하였던 하륜(河崙, 1347~1416)과 윤소종尹紹宗(1345~1393), 권근權近(1352~1409) 등도 이색의 제자였다.

이색은 고려 시대부터 수입되어 전파된 성리학을 이 땅에 단단하게 뿌리를 내리게 한 인물이다. 권근이 쓴 목은 이색의 행장行狀에 따르면, 그는 열네 살에 성균관 입학시험에 합격하였고, 1353년에는 고려가 시행한 과거시험에, 1354년에는 원나라에서 시행한 과거시험에도 합격했다. 이후 여러 관직을 거쳤는데, 그중에서도 성리학의 발전에 크게 기여한 것은 1367년 성균관 대사성에 기용된 것이다. 그는 학자를 길러내는 성균관의 대사성으로 재직하면서 김구용金九容(1338~1384), 박의중朴宜中(1337~1403) 박상충朴尙衷(1332~1375), 정몽주, 이숭인 등을 학관으로 채용하고 성리학의 보급과 심화에 힘썼다.

재능 넘치는 제자들을 길러내며 새로운 학문을 연마하던 다복한 학자로 사는 삶은 여말선초의 급변하는 정세 속에서 사분오열된 제자들과 함께 찢겨 나갔다. 역사라는 거센 물살에 갈라져 거칠게 싸울 수밖에 없었던 제자들을 보며 이색은 어떤 마음이었을까. 이색 역시 고려의 충신으로 남고자 했다. 그리고 그렇게 남았다. 사실 조선의 개국 공신 중에서도 이색의 제자가 많았다. 이들은 스승에게 높은 관직을 권하기도 하였고, 다시 자신들의 스승이 되어 주길 바랐지만, 이색은 모두 거절하고 죽는 날까지도 새로 건국된 조선을 섬기지 않았다. 젊어서는 제자들을 길렀고牧, 늙어서는 은거隱하였으니, 그의 삶은 정말 그의 호와 같았다.

그의 영당이 세워진 것은, 그가 죽은 지 290여 년이 흐른 다음인 조선 숙종 12년, 1686년이었다. 한국전쟁 당시, 치열한 격전이 진행되었던 연천에서 250여 년이 넘는 목조건축물이 살아남는다는 것은 불가능한 일이었다. 한국전쟁을 거치면서 소실된 것을 두 차례에 걸쳐 중건하여 현재에 이르고 있다.

목은 이색의 영당은 연천군 왕징면 왕산로의 한 양지바른 경사면에 조용하게 자리를 잡고 있다. 고려말 성리학의 기틀을 잡고 뿌리를 깊이 내렸던 선생을 닮은 푸르른 나무들이 이곳 영당 곳곳에 짙은 향기를 내뿜으며 길손들을 맞고 있다. 꺾일지언정 결코 무릎 꿇기를 거부하였던 선비의 지조와 절개, 충의를 버리지 않았던 그의 정신은 이곳의 푸르른 소나무처럼 아직도 이곳 영당에서 고고하게 자리를 지키고 있다.

조선이 세운 고려 충신들의 사당,
숭의전

파주에서 임진강을 따라 연천으로 올라가다 보면, 도도한 강물을 내려다보는 경치 좋은 절벽 이 나오고, 그 위에 세워진 숭의전崇義殿을 만날 수 있다. 숭의전은 조선 개국 초기에, 자신들의 정통성을 확보하고 고려 재건의 의지를 짓누르기 위해 지었던 사당이다. 숭의전에는 고려 태조를 비롯한 네 명의 왕과 열여섯 명의 공신이 모셔져 있다.

조선은 역성혁명을 통해서 고려를 전복하고 세워진 왕조이지만, 고려 그 자체를 완전히 부정할 수는 없었다. 『조선왕조실록』「태조실록太祖實錄」편을 보면, 옛 왕조 고려를 기리는 제사에 대한 논의는 개국 초기부터 있었던 것으로 보인다. 조선이 개국 된 1392년 7월, 내려진 즉위 교서에서는 '왕우王禑를 귀의군에 봉하

숭의전 전경

숭의전 배신청 내부

고 마전군, 즉 현재의 연천 땅을 봉지封地로 주어 왕씨王氏의 제사를 잇도록 하라'
는 기록이 남겨져 있다. 또한, 태조 6년인 1397년에는, 이곳 숭의전에 '태조묘太
祖廟'라는 이름의 묘역을 조성한 뒤, 국가에서 직접 관리하고, 제사를 지원하도록
했다. 그 후, 세종 때에 숭의전은 '사위사四位祠'로 지위가 격하되었다가 문종 대에
이르러 '전殿'으로 승격되어 현재의 이름, '숭의전'이 되었다.

사실 태조 왕건의 묘는 개성에 있었다. 하지만 조선 왕조는 태조 왕건의 묘
가 있는 개성이 아니라 굳이 이곳 연천에 '태조묘'를 조성했다. 바로 여기에 정치
적 의도가 있었다. 고려의 신하였던 이성계가 고려를 뒤엎고 개국한 조선의 처지
에서는, 아직도 고려 왕조를 그리워하며 기억하는 세력들이 다시 뭉칠 수 없도록
달래야 했다. 그래서 짜낸 묘안이 태조묘를 고려의 영광이 남아있는 개성이 아니
라 한양에서 가까운 연천에 두어, 옛 왕조를 추모하면서도 통제하는 것이었다. 고
려를 세웠던 왕건이 신라의 마지막 왕인 경순왕의 무덤을 이곳 연천에 둔 것처럼
말이다.

새로운 왕조를 연 마당에 옛 왕조의 남은 세력을 완전히 제거하려 드는 것은 위
험한 일이다. 특히 목은 이색처럼 명망이 높았던 인물들을 잘못 건드리면 오히려
도화선에 불을 붙이는 꼴이 될 수도 있다. 그보다는 그들의 세력을 분산시켜 새로

운 시대를 정해진 운명으로 받아들이게 하는 것이 가장 좋은 방법이었다. 이렇게 새로 만들어진 태조묘는 전 왕조에 대한 조선의 존중을 보인다는 점에서, 비교적 온건한 세력들의 불만을 누그러뜨리는 역할을 했다. 또한, 그 위치를 개성이 아닌 연천에 둠으로써, 구심점과 중심지를 분리하는 기능도 할 수 있었다. 무엇보다 연천은 한양과 적당한 거리에 있으므로 위험 요소의 관리도 수월했을 것이다.

조선의 다섯 번째 왕인 문종은 건국 60년 만이었던 1452년에 드디어 '숭의전'이라는 이름을 내리고 전으로 격상시켰다. 왕실의 중심 건축물인 '전'의 수준으로 격상한 것은 이제는 옛 왕조가 더는 위협요인이 되지 않으리라는 정무적 판단에서였을 것이다. 위패를 모신 왕과 공신 역시 4왕과 16공신으로 늘렸다. 태종의 정리와 세종의 치세에 이어 안정된 조선으로서는 당연한 순서였다.

숭의전 옆으로는 배향공신配享功臣 혹은 체협배향공신禘祫配享功臣을 모신 배신청陪臣廳이 있다. 고려와 조선 시대에는 왕이 죽어 종묘에 봉안되면 특별한 공이 있는 충신들의 위패를 함께 모시고 배향하였는데, 이렇게 왕과 함께 배향되는 것이 공신에게는 가장 큰 영예다. 그런데 이상하게도 숭의전에 배향된 열여섯 명의 공신들은 봉안된 네 왕의 배향공신 명단과 정확히 일치하지는 않는다. 예컨대 서희와 윤관은 각각 6대 왕인 성종成宗(961~997)과 16대 왕인 예종睿宗(1079~1122)의 공신이지만, 그들의 왕이었던 성종과 예종은 이곳에 봉안되지 못했다. 반면 원종은 배향되었지만, 그의 체협배향공신인 이세재李世材(?~?)와 채정蔡楨(?~271) 등은 배향되지 못했다. 왜일까. 배향공신들의 면면을 보면 알 듯 말 듯도 하다.

배현경, 홍유, 복지겸, 신숭겸, 유금필은 고려 태조의 개국 공신들이고, 성종의 배향공신인 서희와 현종의 배향공신인 강감찬은 거란을 물리쳤다. 예종의 배향공신인 윤관은 여진을 정벌하였고, 17대 왕인 인종仁宗(1109~1146)의 배향공신인 김부식은 1135년에 일어난 묘청의 난을 해결했다. 그리고 23대 왕인 고종高宗(1192~1259)의 배향공신인 조충과 김취려는 만주에 대요수국大遼收國을 세운 거란의 유종遺種인 김시金始·김산金山 두 왕자가 군사를 이끌고 북쪽 지방에 난입했을 때 이를 막았다. 삼별초의 난을 진압한 김방경과 홍건적을 대파한 안우, 김득배, 이방실 등은 원래 고려 왕조의 배향공신 목록에 없던 인물들이다. 정몽주 역시 체협배향공신에 속하지 않지만, 명나라와의 사대 문제를 해결하고 왜구를 진압한 공이 있다.

말하자면 이들은 모두 국가를 지키며 충의忠義를 실천한 대표적 인물들로 꼽힌 것이다. 끝까지 조선을 반대했던 정몽주의 충절은 거꾸로 건국된 조선의 안정을 위해 여러 방면에서 재활용되었는데, 숭의전에 그를 배향한 것도 이와 일맥상통한다.

한반도에 '숭○전'이라는 이름을 가진 사당은 모두 여덟 곳이다. 평양에는 고조선의 단군과 고구려의 동명왕을 모신 숭령전崇靈殿과 기자조선의 기자를 모신 숭인전崇仁殿이 있고, 경기도 광주에는 백제의 온조를 모신 숭렬전崇烈殿이 있다. 신라의 박혁거세를 모신 숭덕전崇德殿과 신라를 개창한 삼성三姓 시조를 모신 숭신전崇信殿은 경북 경주에 있다. 가락국의 김수로왕과 왕비 허 씨를 모신 숭선전崇善殿은 경남 김해에, 신라의 마지막 왕인 경순왕을 모신 숭혜전崇惠殿은 경북 경주에 있다. 그 중 '의義'로 이름을 붙인 이곳 숭의전에는 건국과 보국의 주역들이 모셔져 있다. 이런 의미에서 자신이 섬기던 고려의 마지막을 지키며 죽었던 충절의 대명사로서 정몽주는 숭의전을 지은 조선의 지향을 분명히 보여준다고 할 수 있다.

'붓은 칼보다 강하다'는 말의 진짜 의미,
허목묘역과 은거당터

이제 시대를 조선 중기로 당겨올 시간이다. 조선의 개국 공신들이 성리학자들이었던 것처럼, 성리학은 조선 전체를 통틀어 지켜졌던 국교國敎였다. 하지만 조선 왕조는 세계에서도 유례가 없는 500년의 치세를 이루어냈다. 개국 당시의 성리학은 옛 유교와 불교, 귀족주의라는 기존의 기득권에 대항하던 저항세력이었지만, 그로부터 200여 년이 지난 조선 중기, 미수 허목許穆(1595~1682)이 활동하던 시대에 오면, 이제 성리학자들은 자신들의 선배가 저항하였던 바로 그 '기득권'이 되어 있었다.

허목과 그의 가족묘가 모여 있는 미수 허목 묘역과 은거당 터는 조선 중기를 대표하던 유명한 정치적 논객의 위상을 보여주는 듯하다. 묘역 앞에는 '양천 허씨 은거당 제단陽川 許氏 恩居堂 祭壇'이라고 새겨진 돌 제단이 위용을 뽐내며 서 있고 석관들 뒤로는 제법 넓은 공간에 열두 개의 무덤이 나란히 줄을 맞춰 펼쳐져 있다. 반듯한 돌계단과 잘 정리된 묘역은 이곳이 계속해서 관리되고 있는 곳임을 알게 해준다. 아마도 양천 허씨의 후손들이 지속해서 관리하고 있기 때문일 것이다. 하지만 제단과 묘비 곳곳에는 총탄 자국들이 곳곳에 남아있다. 전쟁의 비극을 비껴갈 수는 없었던 것 같다.

허목묘역 안내판

허목묘역 안내문

미수 허목묘역

허목묘역

나란히 선 무덤처럼 양천 허씨의 계보를 따라 올라가다 보면 조선 선조 때 동인東人 계열의 영수였던 허엽許曄(1517~1580)의 이름을 발견할 수 있다. 허엽이 누구인가 하면 그 유명한 허성許筬(1548~1612), 허봉許篈(1551~1588), 허난설헌許蘭雪軒(1563~1589), 허균許筠(1569~1618) 4남매의 아버지가 되는 사람이다. 그리고 허목은 이 4남매의 먼 조카뻘이 된다. 또한, 『동의보감東醫寶鑑』을 지은 허준許浚(1539~1615)도 양천 허씨로, 허목에게는 먼 할아버지뻘이 된다.

양천 허씨답게 허목 역시 문장에 뛰어나 이름을 날렸다. 그는 동인에서 갈라져 나온 남인南人의 대표적 논객이었다. 그래서 윤휴尹鑴(1617~1680) 등과 함께

허목묘역을 안내하는 돌덩이가 낯설다.

당시 정계를 장악하고 있던 서인西人에 맞서 정치토론을 벌였다. 그는 당시 서인의 대표였던 송시열宋時烈(1607~1689) 등과 두 번에 걸쳐 치열한 정치토론을 벌였고 최종적으로 승리했다. 이 승리로 정권은 서인에서 남인으로 넘어갔고, 허목은 남인의 영수가 되어 조선 19대 왕인 숙종肅宗(1661~1720, 재위: 1674~1720)에게 오랫동안 신임을 받았다.

지금은 터만 남아있는 은거당恩居堂은 숙종이 허목에게 하사한 것이다. 숙종은 노년의 신하에게만 하사하던 지팡이인 궤장几杖을 허목에게 주고, 어의御醫를 보내 병구완하게 하는 것도 모자라 그를 위해 사택을 지어 주었다. 이렇게 왕이 직접 집을 지어 내린 것은 조선 500년을 통틀어 딱 세 번밖에 없을 정도로 대단한 일이었다. 숙종이 허목에 집을 내린 경우를 제외하면 조선의 4대 왕인 세종世宗(1397~1450)이 황희黃喜(1363~1452)에게, 16대 왕인 인조仁祖(1595~1649)가 이원익李元翼(1547~1634)에게 집을 하사한 적이 있었다(이원익은 허목의 스승이자 처조부였다). 이처럼 허목을 향한 숙종의 신임은 두터웠다.

남인 허목이 서인과의 논쟁에서 승리한 것은 1659년과 1674년의 두 차례에 걸쳤던 '예송논쟁禮訟論爭'에서다. 조선 시대 18대 왕인 현종顯宗(1641~1674)과 숙

—
해질녘 묘역사진

은거당터 석비

종 대에 있었던 예송논쟁은 현종의 아버지인 효종孝宗(1619~659)과 효종의 왕비
였던 인선왕후仁宣王后(1619~1674)의 장례 절차를 두고 벌어진 논쟁이었다.

첫 번째 예송논쟁은 효종의 장례 절차에서, 계모였던 자의대비慈懿大妃
(1624~1688)가 3년 상을 치러야 하는가, 1년 상을 치러야 하는가의 문제로 불
거졌다. 자의대비의 처지에서 효종은 아들이자 왕이었다. 게다가 효종은 인조
의 둘째 아들로, 자의대비는 이미 1645년 죽은 인조의 맏아들 소현세자昭顯世子
(1612~1645)를 위해 3년 상을 치른 바 있었다. 당시 정권을 장악하고 있던 서인
들은 '효종이 맏아들이 아니기 때문에 1년 상을 치러야 한다.'라고 주장했다. 하지
만 허목 등 남인들은 효종이 왕위를 계승하였으니 응당 적장자로서 대우해야 한
다고 주장함으로써 논쟁이 벌어지게 되었다.

당시 왕이었던 현종은 『경국대전經國大典』을 따라 장자와 차자를 가리지 않고
1년 상을 치르도록 함으로써, 1차 예송논쟁은 서인들의 승리로 끝났다. 그러나
이 논쟁은 여기서 끝나지 않았다. 1674년 효종의 비인 인선왕후가 죽자 서인인
송시열 등은 그를 둘째 며느리로 간주해야 한다고 하면서 시어머니인 자의대비

에게 9개월 동안만 상복을 입으면 된다고 주장했다. 그러나 이것은 15년 전 현종이 1년 상을 결정한 이유가 곧 효종을 둘째 아들로 간주하였기 때문이라는 것을 의미했다. 그래서 허목은 이 점을 집요하게 파고들었다. 이에 현종도 더는 참을 수 없었다.

서인들은 인조반정을 통해 정권을 잡은 사람들이었지만, 송시열 등 서인들은 계속해서 소현세자의 복권을 요구했다. 소현세자는 인조의 맏아들이자 효종의 형이었다. 게다가 같은 해 말, 현종이 죽고 숙종이 즉위했다. 숙종은 서인을 대대적으로 축출하고 남인을 등용하기 시작했다. 허목은 그 중심에 있었다. 지금의 관점에서 보자면 별것도 아닌 일로 생각할 수도 있지만, 당시로서는 왕가의 정통성과 왕위 계승의 원칙을 둘러싼 첨예한 논쟁거리가 아닐 수 없었다. 그들은 파직과 귀양, 나아가 죽음까지 감수하면서 옛 문헌을 뒤지고 논리를 다듬어가며 논쟁에 나섰다. 하지만 붓끝의 싸움이 칼끝에서 끝나고 검은 먹물이 붉은 핏물로 흐르는 동안, 논쟁은 정쟁이 되고 전쟁이 되었다.

어쩌면 당연한 귀결인지도 모른다. 당쟁에 휩쓸렸던 사람들은 자신들이 나라를 위해 진정으로 예학의 이치, 왕위 계승의 정당성을 다투었다고 믿었을 것이다. '정통正統'이라는 단어는 오랜 세월 동안 사람들을 제물로 삼아 권력의 힘을 세우는 구실이 되었다. 먼 나라의 종교전쟁까지 갈 것도 없이, 지난 70여 년 동안 남과 북도 그렇게 '정통성' 경쟁하였고, 이를 통해 분단국가주의를 강화하여 왔다. 그러나 지금 우리가 17세기의 예송논쟁에서 느끼듯이, 지나고 나면 별것도 아닌 것이 정쟁의 대상이 되는 순간, 그것은 목숨을 건 싸움으로 비극화 되게 마련이다.

허목은 한 시대를 풍미하던 문장가이자 학자였지만 그 당시 그의 글은 곧 무기가 되었고, 그 싸움에서 많은 사람이 목숨을 잃었다. 붓은 칼처럼, 아니 칼보다도 잔인하게 수많은 사람의 삶을 망치고 가족을 해쳤다.

정몽주도 정도전도, 허목도 송시열도. 우리는 이들이 사사로운 권력욕으로 상대를 몰락시키기 위해 그렇게나 치열하게 싸웠다고 생각하지 않는다. 오히려 그렇게 말하면서 학자이자 정치가였던, 여말선초부터 조선 시대 전체를 통틀어 활약하던 한국의 성리학자들에게 좀스럽고 탐욕적인 이미지를 덧씌우려는 '저의'를 의심한다. 조선 망국의 원인을 붕당에서 찾았던, 그래서 조선의 멸망은 자연스러운 귀결이라던, 그러면서 침략과 강제 병합, 폭력과 착취를 정당화하였던 일제와 그 하수인들의 목소리가 들리는 것 같아서다.

총알받이가 된 문관상

연천 숭의전지

숭의전의 이름은 그대로 충의를 존숭한다는 것이다. 고려 왕조를 전복하고 개창한 조선 왕조로서는 고려의 잔여 세력들을 분산시킬 필요가 있었다. 숭의전은 원래 고려의 태조 왕건만을 추존하고 '태조묘'로 불렀었는데, 조선이 점차 자리를 잡아가고 고려 잔당의 위협이 사라지면서 점차 확대되었다. 배향된 왕과 공신 역시 변화를 겪었는데, 최종적으로는 다음과 같이 4명의 왕과 16명의 공신을 모시는 것으로 확정되었다.

4명의 왕은 태조太祖, 8대 왕인 현종顯宗, 11대 왕인 문종文宗, 24대 왕인 원종

연천 숭의전지(ⓒ 최익현)

연천 숭의전지(© 최익현)

元宗이다. 16명의 공신은 배현경裵玄慶, 홍유洪儒, 복지겸卜智謙, 신숭겸申崇謙, 유금
필庾黔弼, 서희徐熙, 강감찬姜邯贊, 윤관尹瓘, 김부식金富軾, 조충趙沖, 김취려金就礪, 김
방경金方慶, 안우安祐, 김득배金得培, 이방실李芳實, 정몽주鄭夢周다.

숭의전에서 '전'은 궁전이라는 뜻이다. 그러므로 '숭의전'에는 왕의 위패만 모
셨으며, 16명의 공신은 숭의전 옆 배신청에 모셔져 있다. 넓은 의미에서 숭의전
은 왕의 위패를 모신 숭의전을 포함한 전체 공간을 말한다.

홍살문 너머 숭의전은 세 구역으로 구분되어 있다. 입구에는 제관들이 머물고

제수祭需를 준비하던 앙암재仰巖齋와 각종 사무를 보던 전사청典祀廳이 있다. 숭의전은 앙암재와 전사청을 지나 안뜰로 향하면 있는데, 앙암재와 전사청이 일반 살림집처럼 나무색을 그대로 드러내는 소박함을 취한 것과 달리, 숭의전은 왕의 위패를 모신 만큼 위엄과 멋을 내었다. 높은 맞배지붕에 울긋불긋한 모로단청을 칠하고, 지붕 양쪽으로는 비바람을 막기 위한 풍판을 길게 내려 둔 것이 서로 어울려 멋을 내고 있다. 세 곳에 계단을 만들고 앞쪽으로 한 칸을 비워둔 것은 제사를 지내기 위한 사당의 전형적인 건축양식이다.

숭의전은 건물 하나하나도 예쁘지만, 전체적인 배치와 풍광도 소담하고 아름답다. 제사를 지내던 사당이라 하면 뭔가 죽음과 관련된 음습한 터부의 느낌이 있을 것 같지만 사실 한국에서 사당은 그런 의미가 아니다. 제사 역시 선조를 기억하고 서로의 연결을 확인하는 일련의 예식이다. 고운 숭의전을 돌아보다 보면 느껴지는 아늑함과 고요함이 그런 것처럼.

10

이름도 시신도 없는
의인들의 충절과 이야기

| 정발장군묘 – 항일의병묘역 – 심원사지부도군 – 연천
  심원사지

시신 없는 의인의 무덤, 정발장군묘
이름도 시신도 불사른 투쟁, 항일의병묘역
지장보살의 절, 심원사지부도군–연천심원사지

시신 없는 의인의 무덤,
정발장군묘

한 남자가 있다. 그의 이름은 정발鄭撥(1553~1592). 그의 6대조는 조선의 개국 공신인 정희계鄭熙啓(1348~1396)였으며, 이후 대대로 무인武人의 길을 걸었던 집안의 사람이다. 집안의 이름난 어른들처럼 그 역시 무과 급제로 관직을 시작했다. 연천에서 태어나 자랐지만, 발령받은 복무지는 저 먼 남쪽 지역인 해남과 거제였다. 이후, 몇 차례 내직과 외직을 거친 후 그는 경남 부산의 수군을 이끄는 수군첨절제사에 임명되었다. 수군첨절제사는 당시 각 도의 수군 전체를 통솔했던 수군절도사의 바로 아래 관직이다. 정발이 수군첨절제사로 임명된 것은 1952년, 바로 임진왜란이 일어났던 해.

1592년 음력 4월 13일, 부산 앞바다에 왜선들이 나타났다. 마침 절영도에서 사냥하던 정발은 늘 그렇듯 조공을 바치러 오는 것으로 생각했다. 그러나 곧바로 20만 명의 왜구가 부산 앞바다를 새카맣게 채웠다. 놀라서 급히 돌아오던 그가

정발장군묘

진영에 도착하기도 전에, 적들은 이미 성城을 오르고 있었다. 고니시 유키나가小西行長(1555~1600)는 1만 8,700여 명을 이끌고 성을 공격했다. 정발의 휘하에는 800명의 병사가 있었지만 애초에 중과부적이었다. 2,200여 명의 백성들이 함께 싸웠지만, 역부족인 것은 마찬가지였다.

> "우리는 조선을 침략하러 온 것이 아니다. 명나라를 치러 가는 길이다.
> 길을 비켜준다면 해치지 않겠다."

고니시는 조선군을 회유했다. 그러나 속이 보이는 뻔한 거짓말이기에 정발은 거절했다. 부산의 문을 열어주면 전 국토가 짓밟힐 것이 불 보듯 뻔했다. 정발은 목숨을 걸고 싸우다 전사하자며 병사들을 격려했다. 어차피 왜의 대군을 막을 수는 없었지만, 후방에서 이 상황을 알고 조금이라도 더 준비할 수 있게 하기 위함이었다. 성을 빼곡히 둘러싼 왜적의 일부가 성의 북쪽을 공격해왔다. 성안으로 적의 총탄이 날아들었다. 성이 함락되는 것은 시간문제로 보이자 부하들이 '지휘관이 살아야 뒷일을 도모할 수 있다'라며 정발에게 피난을 권했다. 그러나 그는 분연히 말했다. "나는 이 성의 귀신이 될 것이다." 오히려 지휘관이기에 도망칠 수 없다는 의지였다.

부산진이 함락된 후 정발 장군이 타던 말은 그의 투구와 갑옷을 물고 연천까지 달려왔다. 그의 가족은 물소 가죽을 구해서 직접 바느질해 만든 정발의 검은 가죽 갑옷으로 의관장을 지냈다. 이후로 정발 장군의 시체는 결국 찾지 못했다. 부산진은 일본군이 쳐들어온 그 날 함락되었고, 이후 왜군의 북상은 거침없었다. 한동안 사람들은 정발 장군이 동래부사 송상현(1551~1592)과 함께 일본군의 앞잡이가 되었다고 생각했다.

그의 전공이 알려진 것은 임진왜란이 모두 끝난 뒤, 일본에 통신사로 갔던 황신(1560~1617)이 돌아오면서였다. 조선과 달리 일본에서는 임진왜란 때의 그의 무용에 관한 이야기가 계속 전해지고 있었다. 그리하여 광해군 7년이었던 1615년, 검은 갑옷을 입어서 '흑의장군'이라고 불렸던 정발은 이순신, 원균 등과 함께 '충신록'에 수록되었다.

경기도 연천군 미산면 백석에 있는 정발 장군의 묘역은 깨끗하게 손질되어 있다. 들쭉날쭉한 듯, 묘소로 향하는 가지런한 돌계단 옆으로 '의마총'이라 새겨진 작은 비석이 보인다. 이는 주인 정발 장군의 갑옷을 물고 온 애마인 용상을 기리기 위해 세운 무덤이다. 그리고 계단 끝에는 두 명의 무신 상이 마주 보며 지키고 있는 정발 장군의 무덤이 있다. 한국전쟁 이후 묘역 전체를 새로 정리해서인지 깔끔하다.

남쪽을 본다. 정발 장군은 부산에서 죽었다. 부산항에서 이곳 연천 정발 장군 묘역까지는 450km 가까이 된다. 말 그대로 천릿길, 주인의 갑옷을 물고 달려왔던 용상은 과연 의마라 불릴 만하다. 조국에서는 살아남아 왜군의 앞잡이가 되었을 거라는 오해를 받았지만, 일본에서는 오히려 위용 넘치는 무인으로 칭송받았던, 그렇지만 안타깝게도 시신조차 찾을 수 없었던 정발 장군의 말답다 할 수 있으리라.

의마총
주인인 정발 장군의 갑옷을 걸치고 천리가 넘는
길을 달려온 정발 장군의 애마를 묻은 무덤이다.

이름도 시신도 불사른 투쟁,
항일의병묘역

1945년 8월 15일 우리가 일본에 빼앗겼던 조국을 되찾던 그 날, 조선에 살던 일본인 중 상당수는 어안이 벙벙했다고 한다. '내지內地' 즉, 일본으로 돌아간다는 말을 당최 이해할 수 없었기 때문이다. 그날까지도 그들에게 조선은 '일본'이었다.

1945년에 독립했던 나라들이 그러하듯이, 조선의 독립은 2차 세계대전 종전과 함께 선언되었다. 그러나 일제 강점의 흔적은 오랫동안 이 땅을 곪게 했다. 심지어 3·1운동 100주년에도 국민은 '적폐 청산'을 요구했던 것을 보면, 그 흔적은 확실히 오래도록 우리를 힘들게 했다. 한국 근현대사를 수놓은 얼룩 중 가장 해악이 되는 하나가 바로 친일반민족행위자들을 청산하지 못한 것이다. 하지만 어떤 이들은 청산을 이뤄내지 못한 까닭이 '우리 스스로 일제를 몰아내고 독립을 쟁취하지 못했기 때문'이라고 한탄한다.

"조금만 시간이 더 있었더라면 우리 힘으로 독립을 얻을 수 있었을 텐데."

그러나 이 말은 조국의 광복이, 우리의 투쟁 없이 어느 날 갑자기 강대국에 의해 우리 손에 쥐어졌다는 의미는 단연코 아니다. 우리의 독립은 다른 나라들의 전쟁 결과로 '거저 얻은' 것이 아니기 때문이다. 조선인에게 한반도는 한 번도 일본이었던 적이 없다. '빼앗긴 들'에 독립 조국의 깃발을 세우기 위해 스러져 갔던 숱한 목숨이 그 증거다. 그래서 개탄해야 할 것은 조국을 우리 힘으로 되찾지 못했다는 사실이 아니라, 일제강점기에 조국을 되찾기 위해 산화한 숱한 죽음을 제대로, 충분하게 기억하지 못하고 있다는 점이다.

연천군 신서면 내산리의 항일의병묘역은 우리가 항일독립투사를 기억하는 방식을 그대로 보여주는 곳이다. 산 능선을 따라 한적한 계곡 길을 한참 올라가다 보면 길 한편 양지바른 곳에 말끔하게 정돈된 묘역이 보인다. 돌계단과 제단을 중심으로 가지런하게 떼를 입혀둔 묘역 주변에는 아무것도 없다. 마치 애초부터 누군가 찾아올 것으로 생각하지 않은 듯하다. 혹은 이곳에서 누군가가 오랜 시간을 머물 것이라 기대하지도 않은 것일까. 그래서 이곳에는 볕을 피할 그늘도, 그 흔한 벤치 하나도 없다.

여러 서체 중에서 딱딱해 보이는 고딕체는 감정을 배제하고 정보를 전달하기가 쉬운 글자체다. 반면에 삐침과 굵기에 변화가 있는 명조체는 상대적으로 가독성이 떨어지지만, 내용을 정서적으로 전하고 싶을 때 주로 쓴다고 한다. 지도와 함께 연천군에 산재한 항일운동 유적지 현황을 간결하게 설명하는 왼쪽 설명 판과 달리 이곳 묘역에 묻힌 이들을 설명하는 오른쪽 설명 판은 명조체로 새겨져 있다. 천천히 새겨가며 그들의 죽음을 제대로 읽어 달라는 듯이 말이다.

일제강점기에만 항일의 움직임이 있었던 것은 아니었다. 일제강점기가 공식적으로 시작된 1910년 8월보다 3년 전인 1907년 9월, 정미의병이 봉기했다. 심심산천에 있다고 해서 이름도 심원사인 절 주변에는, 그 당시 800여 명의 의병이 토벌대를 피해 소규모 단위로 흩어져 항일운동을 펼치고 있었다. 그리고 이들 중 한

무리의 의병대가 김화수비대와 마주쳤고, 이후 가을의 짙은 단풍보다 더 붉은 피로 산야를 적셔야만 했다. 그중 여섯 명의 시신이 난리중에 수습되었다. 이후, 이곳은 무명의병묘가 되었다. 오랜 시간이 지나 2016년 3인의 주검과 다시 합쳐 묘역을 조성하고 위령비를 세

항일의병묘역

운 뒤 추모공원을 조성했다.

묻힌 시신은 아홉 구이지만 이곳에서 기리는 넋은, 연천에서 순국한 헤아릴 수 없이 많은 의인 모두라 할 수 있다. 아홉 명은 시신이라도 남겼지만 다른 사람들은 시신도 남기지 못했기 때문이다. 하지만 시신을 남긴 아홉 명도 이름만은 남기지 못했다. 이는 이곳에 묻힌 이들과 당시 죽임을 당한 의병들만의 일이 아니다. 국내·외를 막론하고 수많은 선열이 조국의 독립과 민족의 해방을 위해 몸과 혼을 바쳤고, 그들 중 대다수는 이름도 시신도 남기지 못했다. 그래서 더더욱 우리는 조국을 짓밟는 세력에 대항하기 위해 분연히 일어선 이들을 기억해야 한다. 그리고 그들에 대한 기억, 마치 아무도 찾지 않을 것을 예상한 듯 외롭게 만들어진 이곳처럼 지금 많은 사람이 버려둔 그 기억을 되찾기 위해 노력해야 한다.

지장보살의 절,
심원사지부도군-연천심원사지

항일의병묘역 바로 옆에는 석불 주변으로 돌항아리와 비석들이 줄지어 있는 광경이 보인다. 이곳이 바로 심원사지 부도군이다. 부도는 부처나 고승의 사리를 안치한 탑을 가리키는 말이다. 그리고 석불 아래는 극락정토를 다스리는 아미타불에게 경배한다는 '나무아미타불'이 새겨져 있다. 그렇다. 이 석불은 바로 아미타불을 조각해 놓은 불상이다. 입적한 고승들이 남긴 부도를 모아둔 부도군이니 아미타불상이 있는 것은 어쩌면 당연하다.

이곳을 소개하는 안내판에 따르면, 부도군은 경기도 유형문화재 제138호로 지정되었으며, 본래 20여 기의 부도가 있었으나 지금은 12기의 부도와 3기의 비석만이 남아있다고 한다. 그런데 부도군의 이름인 '심원사지 부도군'이 독특하다.

심원사지부도군

직선거리로 약 10km 떨어진 곳에 심원사가 있는데 이곳의 이름을 '심원사지'라 했기 때문이다. 그렇다면 이는 곧 철원에 있는 심원사가 항일의병들의 근거지가 되었던 옛 심원사가 아니라는 것을 의미한다. 현재 철원에 있는 심원사는 한국전쟁 때 폐허가 되었던 심원사를 당시의 주지가 지금의 자리로 옮긴 것이다. 심원사지의 '지'라는 글자는 바로 '터, 기슭, 주춧돌, 있던 자리'를 뜻한다. 바로 이곳이 옛날의 심원사가 있었던 자리라는 의미다.

경술년의 치욕이 다가오던 당시, 이곳에서 활동했던 의병들이 주 무대로 삼았던 심원사는 항일의병묘역을 지나 5분 정도만 올라가면 있다. 약간 가파른 언덕길을 올라 그 끝에 닿자마자 갑자기 시퍼런 하늘 아래 울룩불룩 산줄기들이 펼쳐진다. 놀랄만한 경치다. 경사진 길 위로 평평하게 닦은 터가 보이고, 그 뒤로 산과 하늘이 아늑하게 둘러쳐져 있으니, 더는 풍수나 지리를 따질 까닭이 없어 보인다.

심원사는 647년 영원조사가 보개산에 다른 두 개의 사찰, 영원사·법화사와 함께 창건한 사찰로, 창건 당시 이름은 흥림사였다. 그 뒤 859년 범일국사가 다시 새롭게 지은 후 천불을 조성했고, 1393년 무학대사가 화재로 전소된 심원사를 3년에 걸쳐 삼창하고, 영주산을 보개산으로, 흥림사를 심원사로 개칭했다.

그런데 경술국치 당시 심원사에 의병들이 몰려든 것은 우연이 아니다. 심원사는 지장보살을 모신 '지장도량'으로, 신라 시대부터 호국과 깊은 인연을 가지고 있었기 때문이다. 심원사가 지장도량이 된 것에는 역사적인 연유가 있다. 심원사의 부속 암자인 '석대암'에는 창건과 관련된 이야기가 전해진다. 그 이야기에 따르면, 사냥꾼 이순석이 화살에 맞은 황금빛 산돼지를 쫓아갔다가 지장보살을 직접 보고 출가해 만든 것이 석대암이라 한다. 그래서 이곳은 살아 있는 지장보살을 모시는 도량이 된 것이다.

지장보살은 석가모니가 해탈해서 열반에 든 이후, 아직 미륵불이 오기 전의 세상, 즉 부처가 없는 세상에 사는 중생들을 교화하고 보살피는 보살이다. 지장보살은 심지어 지옥문을 지키고 그곳에 들어가는 중생들을 구제하거나 지옥까지 찾아가 중생들을 천상이나 극락으로 인도하기도 한다. 즉, 지장보살은 죽은 뒤의 지옥에 떨어져 고통을 겪는 사람들을 구제하는 지옥 세계의 부처님이다. 그래서 지장보살은 대부분 죽은 자들의 극락왕생을 비는 '명부전'에 모셔져 있다.

그래서였을까? 심원사는 이 세상의 고통을 방관하지 않았다. 심원사를 중창했던 범일국사는 강릉에 침범한 왜군을 물리쳤다고 전해진다. 임진왜란으로 소실된 심원사를 다시 세운 소요태능, 재월경헌 등은 서산대사의 법맥을 이은 스님들이며, 이외에도 독립운동가인 백용성 스님 등이 심원사에서 정진했다. 그러다가 이곳을 중심으로 의병들의 항일 항쟁이 전개되었다. 이후 1907년 10월 일본군이 의병의 근거지를 없애기 위해 심원사에 불을 놓았고, 250여 칸의 사우와 1,602 위의 불상이 잿더미가 되었다. 그리고 1950년 한국전쟁 때 다시 불에 타 심원사는 완전히 소실되었다.

하지만 심원사를 기억하는 사람들은 이곳을 재건하기 위해 힘썼고, 한국전쟁이 끝난 직후인 1955년에 바로 복원이 시작되었다. 그런데 그때 심원사를 다시 세운 곳은, 이곳 연천이 아닌 철원군 동송읍의 보개산 동쪽이었다. 그때만 해도 심원사의 원래 위치가 군사지역 안 비무장지대에 속해 있어서 불가피한 측면이 있었다. 그래서 심원사의 기둥을 옮겨서 철원 심원사의 명주전을 짓고, 사적 역시 철원 심원사로 옮겼다.

그러나 2000년대 연천이 군사지역에서 풀리면서 본래 심원사가 있었던 이곳에서는 복원 작업을 진행하고 있다. 물론 그렇다고 해서 철원의 심원사 기둥을 다시 헐어 옮겨 올 수 있는 것은 아니다. 또한, 철원 심원사 쪽에서도 심원사의 사적을 돌려주려고 하지 않고 있다. 그래서 할 수 없이 연천 심원사를 복원하면서 이곳이 원래의 '심원사'라는 뜻을 의미하는 '원심원사'라는 이름으로 개칭할 수밖에 없었다고 한다.

분단과 전쟁이 낳은 운명이다. 하지만 두 개의 심원사가 존재하게 되었음에도 원심원사에는 항일의 기억이 그대로 남아있다. 1907년 일본 제국주의가 고종을 강제로 퇴위시킨 후, 순종을 즉위시키고 '한일신협약(정미7조약)'에 첨부된 비밀각서에 따라 대한제국의 군대를 해산하게 했을 때, 이곳에서 300명의 의병이 이에 맞서 싸웠다. 그래서 심원사가 어디에서 복원되든, 그 역사의 자취는 결코 사라질 수 없다. 중요한 것은 이름이라는 외피가 아닐 것이다. 중요한 것은 중생의 고통을 방관하지 않고 언제나 그것과 함께하고자 했던 지장보살의 정신인지도 모른다.

원심원사 대웅전

중생을 보살피는 지장보살

앞서 적은 바와 같이 지장보살은 석가모니가 열반에 든 이후, 미륵불이 오기 전까지 부처가 없는 세상 즉 무불시대의 중생들을 교화하고 구제하는 보살이다.

경전에 따르면 지장보살은 본래 인도 브라만 계급의 딸이었는데 부처님의 가르침에 귀의했다. 하지만 그의 어머니는 딸의 간청에도 불구하고 부처님의 가르침을 비방하고 다녔다. 후에 소녀는 어머니가 죽자 지옥에 떨어졌으리라 생각하여 진심으로 공양하였고, 소녀의 간절한 마음을 본 각화정자재왕여래가 지옥을 가볼 수 있도록 해주었다. 지옥의 참상을 보고 소녀가 어머니가 있는 곳을 물었는데, 소녀가 공양한 공덕에 힘입어 어머니가 무간지옥에서 다른 죄인들과 함께 천상에 올라간 지 3일이 지났음을 알았다. 소녀는 집으로 돌아와 "지옥에 빠진 모든 중생이 제도될 때까지 성불하지 않겠나이다"라고 서원했다.

지장보살이 독특한 점은 자신의 성불을 포기한 보살이라는 점이다. 불교에서 모든 중생의 성불은 부처가 보장했지만, 모든 중생이 성불할 때까지 본인은 성불하지 않겠다며 본인의 성불을 포기한 지장보살은 예외다. 이처럼 지장보살은 부처가 있지 않은 세상에서 모든 중생의 행복을 책임지는 보살이다.

악업을 반복하는 중생들을 자비로써 감싸 주는 지장보살은 무한한 용서를 상징한다. 따라서 지장보살에게는 벌을 받게 해야 할 중생이 없다. 이는 지옥으로 가는 중생들 또한 구제해준다는 것을 의미한다. 그래서 지장보살은 지옥문을 지키고 있으면서 그곳에 들어가는 중생을 못 들어가도록 가로막는다. 또는, 지옥 그 자체를 부수어서 그 속에서 고생하는 중생들을 천상이나 극락으로 인도한다. 이런 지장보살이기 때문에 육도윤회를 심판하는 명부의 구세주로 여겨졌고, 한국의 사찰에서는 명부전의 주존主尊으로 모시고 있다.

쉼 없이 중생을 구제하는 지장보살은 한국에서 일반적으로 끊임없이 수행하는 승려의 형상으로 그려진다. 그래서 지장보살상은 파르라니 머리를 깎은 스님들처럼 녹색이나 푸른색으로 머리 부분이 칠해져 있는 경우가 많다. 또한 많은 경우 지장보살상 좌우로는 도명존자와 무독귀왕이 함께 한다. 도명존자는 우연히 명부를 여행하게 된 스님으로, 지옥에서 지장보살을 만났다. 무독귀왕은 지장보살이 전생에 브라만 소녀일 때 지옥 여행 당시 지옥의 이곳저곳을 설명해준 귀신의 왕이다.

보물 서울 청룡사 석조지장보살삼존상 및 시왕상 일괄 중 지장보살상(가운데) (© 문화재청)

11

연천의 물길을 따라 걷다
한탄강·임진강과 지질명소

| 임진강 주상절리 – 차탄천 주상절리 – 아우라지 베개
용암 – 좌상바위 – 백의리층 – 재인폭포 – 동막리 풍혈

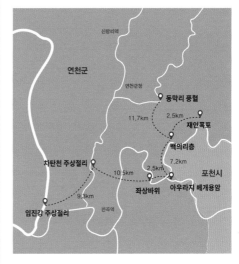

임진강 주상절리, 수직 절벽의 현무암
차탄천 주상절리, 용암을 따라 흐르는 물길
아우라지 베개용암, 천연기념물이 된 용암
좌상바위, 9천만 년 된 바위의 기억
백의리층, 화산활동 이전의 퇴적층
재인폭포, 가슴 시린 설화를 만든 폭포
동막리 풍혈, 자연이 만든 냉동 장고

임진강 주상절리,
수직 절벽의 현무암

DMZ를 가로질러 남북을 잇는 강은 크게 세 개다. 금강산 옥밭봉 또는 단발령에서 발원하는 북한강北漢江과 함경남도 문천군 마식령에서 발원하는 임진강臨津江이 있다. 그리고 강원도 평강군 백자산 또는 북망산에서 발원하여 연천에서 임진강과 합류하는 한탄강漢灘江이다.

그런데 세 물길은 모두 한 몸이 되어 서해로 흐르니 결국 남북으로 대지를 나누는 것은 인간의 역사에 한정될 뿐이다. 남한강과 북한강이 만나는 양평군의 '양수리'처럼, 연천을 굽이굽이 돌아 흐르던 임진강과 철원 땅을 흘러온 한탄강이 합류하는 지점을 '합수머리'라고 부른다. 이곳은 연천군 미산면, 군남면, 전곡읍이

임진강 주상절리(ⓒ 최익현)

임진강 주상절리(© 최익현)

경계를 이룬다. 한탄강과 만난 임진강은 파주시 '오두산통일전망대' 앞에서 다시 한강과 만나 한반도 중부의 '할아버지 강'으로 불리는 조강祖江을 이룬다. 한국전쟁 이후 70년 가까이 아무도 들어갈 수 없었던 조강은 황해도에서 흘러온 예성강禮成江과 합류하여 황해로 스며든다.

연천의 임진강 유역은 '한탄강 국가지질공원'으로 지정된 여러 장소를 아우르고 있다. 게다가 철원–포천–연천을 흐르는 한탄강은 2020년 유네스코 세계지질공원으로 지정되었다. 유네스코에서 권장하는 프로그램인 지질공원(Geopark)은 세계적으로 독특한 지형이나 지질학적 특이성이 잘 드러나는 곳에서 자연생태를 체험하고 역사문화를 교육할 수 있도록 마련된 지리 여행 장소다. '한탄강 국가지질공원'은 철원, 연천, 포천의 협곡을 따라 흐르는 총 24개소의 지질명소를 아우른다.

연천에 있는 지질명소는 '재인폭포, 고문리 백의리층, 신답리 아우라지 베개용암, 신답리 좌상바위, 전곡리 유적 토층, 동이리 임진강 주상절리柱狀節理, 동이리 당포성, 동막리 응회암, 동현리 차탄천 주상절리, 은대리 판상절리와 습곡구조' 등 열 곳이다. 각 명소가 하나의 길로 연결되어 있지 않으며 차량으로 접근이 쉽지 않지만, 최근 조성된 9.9km의 '차탄천 에움길'처럼 다양한 지오트레일(Geotrail) 코스가 연천군의 지질명소를 탐방로로 연결하고 있다.

동이대교 아래로 펼쳐진 임진강 주상절리 탐방로는 '동이리 주상절리 코스모스길'로 불린다. 한탄강과 합류한 임진강은 여기서 병풍을 직선으로 펼친 것 같은 높이 20m의 수직 절벽을 약 3km에 걸쳐 선사한다. 임진강 주상절리는 수면과 만나는 하부 구조와 세로 기둥들이 쪼개지는 상부 구조가 뚜렷하게 드러나지만, 한탄강이나 차탄천과 달리 상부층은 바로 평평한 대지와 만난다. 그래서 예부터 이곳 절벽 위의 땅은 농경지로 활용하기 쉬웠는데, 이곳의 주상절리는 식생植生에 의해 지금도 끊임없이 침식되면서 붕괴를 겪고 있다.

동이리의 주상절리 맞은편에 펼쳐진 자갈밭은 최근 천연 캠핑장으로도 주목받고 있다. 특히 단풍이 짙게 드는 늦가을, 수직 절벽을 더욱 붉게 물들이는 몇 분간의 석양 노을은 연천에서 볼 수 있는 최고의 절경으로 손꼽힌다.

다채로운 기하학적인 형태를 보여주는 임진강 주상절리는 예부터 유명해서, '송도팔경松都八景'에서 '장단석벽長湍石壁'으로 불렸다. 송도팔경은 '박연폭포朴淵瀑布'처럼 개성을 중심으로 빼어난 경치를 자랑하는 여덟 곳의 명승지를 일컫는다. 물론 연천은 개성과 상당히 떨어져 있지만, 임진강의 넓은 유역면적을 고려하면, 옛사람들의 물길을 중심으로 한 유역에 대한 인식을 이해하지 못할 바는 아니다.

연천에서 파주까지 흘러가며 사천천沙川川, 사미천沙湄川, 멸공천滅共川 등의 지

임진강 주상절리((ⓒ 최익현)

류들이 북에서 남으로 직각으로 합류하는 임진강 유역은 여러 종류의 습지가 넓게 나타난다. 254.6km에 이르는 임진강은 한반도의 모든 강을 통틀어서 길이로는 여덟 번째지만, 8,111.5㎡의 유역면적은 압록강, 한강, 낙동강에 이어서 네 번째를 차지한다. 큰 여울이란 뜻의 '한여울'에서 유래한 한탄강의 이름에서 보듯이, 북에서 남으로 한반도 중부를 적시며 흘러가는 한탄강과 임진강은 분단으로 인해 왜곡된 반쪽짜리 국토관을 돌아볼 수 있는 강이다. 남북을 연결하는 화산지형과 함께 흐르는 이 물줄기는 인위적으로 단절된 대지가 아니라, 본래의 자연적 물길과 산길로 연결되어 생명력을 가지는 하나의 대지를 체감할 수 있는 '평화의 강'이자 '통일의 강'이다.

차탄천 주상절리,
용암을 따라 흐르는 물길

철원에서 파주까지 넓게 펼쳐진 용암대지는 한반도에서 지질학적으로 가장 젊은 땅이다. 철원, 연천, 파주까지 이어지는 이 거대한 물길은 신생대 제4기의 1만 년 이전을 가리키는 홍적세洪積世 시기에 북쪽 평강고원 오리산에서 만들어졌다. 즉 지금과 가장 가까운 지질시대에 11회에 걸쳐 열하분출裂罅噴出로 흘러나온 용암이 터를 닦은 길이다. 용암이 지표면에서 급히 식으며 만든 현무암 화산지형은 임진강과 한탄강의 수직 절벽에 발달한 주상절리柱狀節理에서 잘 볼 수 있는데, 한탄강의 지류인 차탄천車灘川에서도 주상절리가 빼어나다.

차탄천은 철원군의 해발 947.3m의 금학산 부근에서 발원한다. 지류이지만 '연천의 젖줄'로 불릴 만큼 넓은 하천인 차탄천의 주상절리는 6각형 현무암 기둥이 다양한 형태로 절단면을 이루는 지질 유산 명소로 유명하다. '사방을 빙 둘러

—
차탄천 주상절리

싼다'라는 의미의 '에우다'처럼 차탄천 협곡을 따라 걷는 '차탄천 에움길'은 '차탄
교 – 왕림리 가마소 – 삼단폭포 – 용소 – 해동양수장 – 은대리주상절리 – 선바
위 – 은대리성'으로 연결되는 약 3시간 30분~4시간의 지오트레일(Geotrail)로도
유명하다. 특히 출발점에서 약 3km 지점의 용소 일대에서는 계절별 풍경과 함께
어우러지며 장관을 이루는 주상절리를 잘 관찰할 수 있으며, 수평으로 암석이 쪼

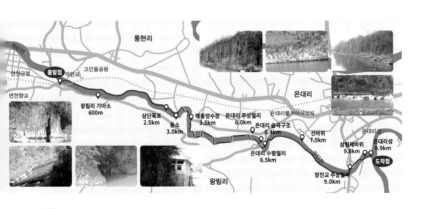

—
차탄천에움길(© 연천군청)

개지는 판상절리도 함께 볼 수 있다.

이처럼 차탄천에 웅장하게 발달한 주상절리는 옛 한탄강을 따라 흐르던 용암이 역류해 굳어서 형성되었고, 한탄강 지류에 발달한 화산지형을 통해 지금의 한탄강 물길이 화산분출 이전의 물길과 달라졌음을 다시 확인할 수 있다. 화산지형이 만들어질 때 용암이 빨리 냉각될수록 수직 결정으로 잘리는 암석 단면의 크기가 좁고 짧아지는데, 이곳의 주상절리가 규칙적이지 않고 다양한 모양을 띠는 것은 용암이 이 일대에 여러 차례 흘러내렸다는 점을 보여준다. 바다로 바로 떨어지는 제주도의 역동적인 주상절리에 비해 규모는 작지만, 내륙 깊숙한 접경지역에서 마주하는 주상절리는 사계절의 변화 및 일출·일몰에 따라 다채로운 색감과 풍경을 선사한다.

차탄천 주상절리(ⓒ 연천군청)

아우라지 베개용암,
천연기념물이 된 용암

'아우라지 베개용암'이라 불리는 지질공원은 영평천永平川과 만난 한탄강이 휘돌아나가는 곳 인근에 있다. 지질학적으로 '침상용암枕狀熔岩'으로 분류되는 '베개용암(pillow lava)'은 수백 개의 돌베개를 모아놓은 것처럼 보인다. 물속으로 바로 떨어지거나 뿜어진 용암이 급격히 식으면서 생성되는 둥글둥글한 베개 모양으로 굳으면서 만들어진 베개용암은 이 '아우라지'에서 급랭하면서 형성되었다.

아우라지란 두 하천이 만나는 지점을 일컫는 순우리말이다. 연천의 베개용암은 한탄강의 여러 지질자원 중에서도 특별히 더 희귀한 가치를 갖고 있다. 2013년 한반도 내륙에서 거의 유일한 희귀 지질자원으로 인정받아 천연기념물 제542호로 지정되었다. 아우라지 베개용암 아래에는 고생대 데본기(Devonian period)의 미산층이 부정합不整合으로 접하고 있다. 미산층은 퇴적기원의 변성암으로 습곡과 단층 등의 지질구조가 잘 관찰되는 암석이다. 또한 이 지역에는 하부의 선캄

아우라지 베개용암(ⓒ 연천군청)

브리아기 변성암류(變成巖類)와 상부의 제4
기 현무암질 용암류와의 부정합 구조, 주
상절리, 하식애(河蝕崖) 및 고토양층(古土壤層)
발달했다. 그래서 지질·지형학적인 가치
및 경관적 가치 또한 우수하다.

아우라지 베개용암

좌상바위,
9천만 년 된 바위의 기억

좌상(坐像)바위는 영평천과 합류하여 휘도는 한탄강 절벽에 있는 높이 약 60m
정도의 현무암이다. 이곳은 약 9,000만 년 전인 중생대 백악기 말의 화산활동으
로 형성되었다는 점에서 연천의 다른 신생대 지질명소와 구분된다. 이 바위는 폭
발한 화산의 화구(火口) 주변에 있던 마그마가 지표면 가까이에서 굳어짐으로써 형

좌상바위

성되었다. 강 건너편에서 한눈에 관찰할 수 있는 좌상바위는 현무암, 응회암, 화강암, 편마암 등 다양한 암석의 종류를 구별할 수 있어 지질학적으로도 가치가 높다.

좌상바위에 세로 방향으로 띠가 관찰되는 것은 빗물과 바람에 의해 표면이 풍화되었기 때문이다. 이는 좌상바위가 오랜 시간 동안 땅 밖으로 드러나 있었음을 보여준다. 좌상바위 표면의 하얀 물질은 화산이 분출할 때 공기와 가스가 빠져나간 구멍에 시간이 흐르면서 암석에 있던 칼슘 성분이 빠져나가면서 그 구멍을 채운 것이다.

좌상바위는 몇 개의 다른 이름을 가졌던 것으로 전해진다. 신선이 노닐던 바위라는 의미로 '선봉바위', 풀무 모양으로 보이기도 하고 그곳에서 풀무질하기도 했다는 전설에서 '풀무산', 그리고 스님이 앉아 있는 모양처럼 보인다 해서 '좌살바위', 한국전쟁 당시에 많은 사람이 떨어져 죽었다고 해서 '자살바위' 등 지역 주민들은 이곳을 오랜 시간 동안 다양한 이름으로 불러왔다. 지역의 역사문화를 반영하는 이러한 다양한 명칭은 궁평리宮坪里 일대를 오랫동안 수호해 온 장승과 함께, 이 바위가 마을의 수호신으로 여겨지며 오랫동안 주민들과 함께 세월을 견뎌온 바위라는 것을 보여준다. 이제 거의 굳어진 명칭인 '좌상左象'이라는 이름은 마을 좌측에 있는 커다란 형상이라는 다소 심심한 의미에서 유래되었다.

백의리층,
화산활동 이전의 퇴적층

백의리층白蟻里層은 연천군 청산면 백의리 한탄강 언저리에서 처음 발견되어 이름 붙여진 퇴적층이다. 이 지층은 현무암 주상절리 절벽 아래에서 드러난, 암석화되기 이전의 밀도를 가진 퇴적층으로서, 옛 한탄강 일대에 용암대지가 형성되

백의리층

기 이전의 강바닥을 보여준다. 한반도에선 한탄강과 임진강 일원에서만 볼 수 있어서 지질학적 가치가 매우 높은 백의리층은 주로 자갈이 많이 섞인 역암층(礫岩層)이지만 일부는 진흙층과 모래층도 보인다.

그런데 백의리층의 상부가 현무암으로 덮여 있는 것을 통해 현재 한탄강 유로(流路)는 화산활동의 영향으로 바뀌었음을 알 수 있다. 신생대 말기의 화산활동이 있기 전에 한탄강에 퇴적되었던 퇴적물 위로 여러 차례 용암이 흘러가고 역류하고 식으면서 오늘날과 같은 두꺼운 현무암층이 형성되었다. 이후 오랜 시간에 걸쳐 현무암이 침식되고 떨어져 나가면서 한탄강의 옛 강바닥 일부가 드러났는데, 이 백의리층의 하부 자갈은 일정한 방향으로 흘러가듯이 배열된 특징을 나타낸다. 이것은 옛 한탄강이 흐르던 물길의 흐름을 보여주는 동시에 오늘날의 한탄강 물길이 어떻게 형성되었는지를 유추할 수 있게 한다.

재인폭포,
가슴 시린 설화를 만든 폭포

재인폭포才人瀑布는 연천이 자랑하는 높이 18m의 폭포로 뒷면이 주상절리로 둘려 있다. 그래서 폭포의 물살로 인해 현무암이 지속해서 깎여나가 현재 위치는

재인폭포

강변에서 약 350m 이동해 있다. 한탄강 서쪽 깊숙한 곳에 자리한 재인폭포는 해발 877m의 보개산 지장봉地藏峰에서 발원한 한탄강의 지류가 만들어내는 웅장한 폭포다.

지질학자들은 원래 평지였던 곳이 갑자기 움푹 내려앉으며 지장봉의 계곡물이 폭포를 이루게 된 것으로 보고 있다. 폭포수는 너비 30m, 길이 100m 소沼 위로 떨어지는데, 폭포 주변은 멸종위기종인 분홍장구채와 천연기념물 제238호인 어름치의 서식지로 알려져 있다.

2013년 5월에는 폭포 진입로에 높이 27m의 유리 바닥의 스카이워

재인폭포(ⓒ 연천군청)

크(sky-walk) 전망대가 설치되었다. 전망대 주변에는 1.4km의 전용 산책로가 조성되어 폭포 주변에 머무르며 관찰하기가 훨씬 편리해졌다. 물론 인공구조물이 자연경관을 해친다는 비판도 있지만, 장마철이나 수량에 상관없이 폭포를 관람할 수 있게 된 점은 방문자에겐 이점으로 볼 수도 있다.

폭포의 이름과 관련된 설화는 크게 두 가지가 전해진다. 첫 번째 이야기는 다음과 같다. 옛날 이 마을 원員이 한 재인才人의 아내가 절색인 것을 보고, 폭포에서 줄을 타라는 명을 재인에게 내렸다. 원이 줄을 끊어 재인을 죽게 하고 그 아내를 차지하려 하자, 그녀는 원의 코를 물어버리고 자결했다. 그 후, 사람들은 재인의 한이 서린 폭포라고 해서 재인폭포라 불렀다고 한다.

문헌으로 기록된 이야기는 이와 좀 다르다. 폭포 아래에서 놀며 자신의 재주를 자랑하던 재인이 "양쪽 절벽에 외줄을 묶어 내가 능히 지나갈 수 있다"라며 사람들과 내기를 했다. 사람들은 믿지 못하겠다며 자신들의 아내를 내기에 걸었다. 재인이 쾌재를 부르며 호기롭게 줄을 타자 아내를 빼앗기게 된 사람들이 줄을 끊어버렸고, 흑심을 품었던 재인은 아래로 떨어져 죽고 말았다. 그 후로 이 폭포를

'재인폭포'라 부르게 되었다는 것이다.

어느 쪽 이야기든 천시받던 재인의 원통하고 서글픈 죽음이 어리어 있다. 사람들의 왁자지껄한 소음도 덮어버리는 폭포수의 굉음 속에서 이름 없이 사라진 옛 시대의 광대들을 생각하게 된다.

동막리 풍혈,
자연이 만든 냉동 창고

'동막리東幕里 풍혈風穴'은 연천군 동막골의 절벽 아래에 있는 천연 동굴로서 여름에는 찬 공기가 흘러나오고, 겨울에는 따뜻한 김이 솟아오르는 기현상을 보인다. '찬 바람이 나오는 구멍'이란 뜻의 이곳 풍혈은 높이 2.2m, 깊이 16m로서 예부터 '얼음골'이라고 불렸다. 밀양 얼음골처럼 여름에도 얼음이 녹지 않을 정도로 찬 공기가 흘러나오고, 겨울에는 따뜻한 김이 솟아오르는 풍혈은 전국에 스물다섯 곳이나 있는데 모두 피서지로 이름난 곳들이다.

동막리 풍혈을 이루는 암석은 중생대 백악기 화산활동에 의해 만들어진 응회암凝灰岩으로 테일러스(talus)를 이루어 형성되었다. 테일러스는 기계적 풍화로 무너져 내려 쌓인 돌 부스러기다. 순우리말로는 '너덜지대', '너덜겅', '돌서렁', 지형학적 용어로는 애추崖錐라 불린다. 풍혈의 땅속 형태는 '구부러진 굴뚝 모양'이라고 알려져 있다. 지표는 여름에 달궈지고 겨울에 차갑게 식지만, 더운 바깥 공기가 바위틈을 통해 땅속으로 들어갈 때 차가운 바위 표면을 스치며 온도가 낮아진다. 그래서 땅속은 연중 10~15℃로 비교적 일정하게 유지된다. 여름에 찬 바람이 나오는 건 공기가 이 '굴뚝'을 지나며 나타나는 자연 대류對流 현상 때문이다.

풍혈은 자연 냉장고와 같은 역할을 하여 일제강점기에 한천寒天 공장과 잠종蠶種

보관소로 이용되었다. 마을 주민들은 김치를 풍혈에 보관했다고도 한다. 한편 동막리 풍혈지에서는 참골담초, 개병풍, 애기가물고사리, 한들고사리, 둑지치, 월귤, 흰인가목 등의 희귀식물이 자생한다. 풍혈지에 북방계 희귀식물들이 다수 생육하는 것은 빙하기에 남하하던 북방계 식물들이 빙하기 이후, 저온 환경을 형성하는 풍혈지로 피난해서 살아남았기 때문이다.

동막리 풍혈 입구

유네스코 세계지질공원(UNESCO Global Geoparks) 지정의 의미와 한탄강 지질공원

유네스코 세계지질공원은 국제적인 지질학적 중요성을 지닌 장소와 경관을 보호, 교육, 연구하고 지속 가능한 발전을 도모하고자 선정한 지역을 가리킨다. 간단히 '세계지질공원'이라 부르기도 한다. 유네스코 세계지질공원은 2004년 25개소가 지정된 이후, 2019년 현재 41개국에 걸쳐 150여 곳이 존재하며 아직도 확산 중이다. 현재 대한민국에서는 제주, 청송, 무등산, 한탄강 등이 있다.

가장 최근에 지정된 한탄강 유네스코 세계지질공원은 2020년 7월 7일 제주

고석정(ⓒ 철원군청)

도, 청송, 무등산에 이어 대한민국에서는 4번째이자 강을 중심으로 해서는 처음으로 세계지질공원에 등재된 곳이다. 2020년 유네스코가 등재한 지역은 한탄강이 흐르고 있는 △경기 포천시 유역 493.24km² △연천군 유역 273.65km² △강원 철원군 유역 398.72km² 등에 이르는 지역으로, 여의도 면적(2.9km²)의 약 400배에 해당하는 지역이다. 이 중에서 철원의 직탕폭포, 고석정을 비롯해 연천의 아우라지 베개용암, 재인폭포 등 26곳이 지질·문화 명소로 지정되어 있다.

직탕폭포(© 철원군청)

본문의 사진이나 이미지 자료 중 별도의 출처표기가 없는 사진은 건국대학교 통일인문학 연구단 DMZ연구팀에서 촬영 또는 그린 것임을 밝힙니다.

더불어 공공누리 유형 표기가 없는 자료들은 연천군청, 파주시청, 철원군청, 최익현님의 허락을 받아 게재한 것으로, 협력에 깊은 감사 인사를 전합니다.

마지막으로 저작권 권리처리된 자료제공 플랫폼인 공유마당의 자료는 원저작자를 밝히고 각 자료 밑에 공유마당으로 출처를 밝혔으며 공공누리 유형표기 및 출처는 다음의 표와 같습니다.

장번호	쪽수	사진명	출처	공공누리 유형
2	46	사행상철기 출토 모습	문화재청 보도자료(2012. 5. 31)	1유형
2	46	남쪽 성벽(목책+석축성벽)	문화재청 보도자료(2012. 5. 31)	1유형
4	72	가월리·주월리 구석기유적 – 소형석기	문화재청 국가문화유산포털	1유형
4	72	가월리·주월리 구석기유적 – 주먹도끼	문화재청 국가문화유산포털	1유형
4	72	가월리와 주월리 유적 발굴지점	문화재청 국가문화유산포털	1유형
7	131	물거미	국립생물자원관 한반도의 생물다양성	3유형
7	136	금개구리	국립생물자원관 한반도의 생물다양성	3유형
9	169	목은 이색의 초상	문화재청	1유형
10	197	보물 서울 청룡사 석조지장보살삼존상 및 시왕상 일괄 중 지장보살상	문화재청	1유형

| 건국대학교 통일인문학연구단 DMZ연구팀 소개 |

건국대학교 통일인문학연구단은 '소통, 치유, 통합의 통일인문학'과 '포스트 통일 시대의 통합적 코리아학'이라는 아젠다 연구를 수행하고 있는 인문학 분야의 유일한 통일 관련 연구소이다. 문학, 역사학, 철학 등의 인문학을 중심으로 정치학 및 북한학 등이 결합한 융복합적 통일 연구를 진행하면서 다양한 사회적 실천 사업도 진행 중이다. 또한 건국대학교 대학원 통일인문학과 및 문과대학 통일인문교육연계전공 등을 운영하면서 교육 및 후속 양성에도 힘쓰고 있다.

DMZ연구팀은 통일인문콘텐츠 개발의 일환으로 추진된 'DMZ디지털스토리텔링 연구'(2015~2016년), 'DMZ투어용 앱 개발'(2016~2019년) 등을 진행한 통일인문학연구단 산하 DMZ 분야의 전문 연구팀이다. 이 연구팀은 총 5년 동안 DMZ 접경지역을 직접 답사하면서 이 공간과 관련된 다양한 인문적 연구를 특화하여 수행했으며 다양한 원천콘텐츠를 축적했다. 이 책은 바로 이 연구팀 소속 연구진들의 지난 5년 동안의 경험을 토대로 한 답사기이다.

| 저자 소개(가나다 순) |

남경우
통일인문학/구술생애사 전공, 건국대학교 통일인문학연구단 전임연구원

박민철
한국현대철학 전공, 건국대학교 통일인문학연구단 및 대학원 통일인문학과 교수

박솔지
통일인문학/공간치유 전공, 건국대학교 통일인문학연구단 HK연구원

박영균
정치–사회철학 전공, 건국대학교 통일인문학연구단 및 대학원 통일인문학과 교수

윤태양
유가철학 전공, 성균관대학교 한국철학문화연구소 전임연구원

이의진
통일인문학 전공, 한국대학교육협의회 한국고등교육정보센터 연구원

조배준
서양철학 전공, 경희대학교 강사

DMZ 접경지역 기행 6 연천편

초판 1쇄 인쇄 2022년 04월 22일
초판 1쇄 발행 2022년 04월 29일

펴 낸 이   건국대학교 통일인문학연구단 DMZ연구팀
감   수   최익현
발 행 인   한정희
발 행 처   경인문화사
편   집   김윤진 김지선 유지혜 한주연 이다빈
마 케 팅   전병관 하재일 유인순
출판번호   제406-1973-000003호
주   소   경기도 파주시 회동길 445-1 경인빌딩 B동 4층
전   화   031-955-9300   팩   스   031-955-9310
홈페이지   www.kyunginp.co.kr
이 메 일   kyungin@kyunginp.co.kr

ISBN 978-89-499-6640-3 03910
값 15,000원